L'HISTOIRE SECRÈTE DE LA DISSOLUTION

Le service politique de *Libération*

Jean-Michel Thénard, *chef de service*
Nicole Gauthier, *chef de service adjointe*
Éric Afeschimann, *Matignon*
Gille Bresson, *RPR, Élysée*
Renaud Dély, *FN*
Antoine Guiral, *Ile-de-France, Parlement*
Judith Perrignon, *PS, Verts*
Vanessa Schneider, *UDF*
Pascal Virot, *PCF, Parlement*

Le Service Politique de *Libération*

L'HISTOIRE SECRÈTE DE LA DISSOLUTION

Préface de Serge July
Introduction de Laurent Joffrin
Postface de Jean-Michel Thénard

Plon/Libération

ISBN 2.259.18805-2

Préface

L'autodissolution du Président

Les Français croyaient avoir fait le tour de Jacques Chirac. Avec la dissolution, il leur échappe à nouveau. Et le mystère est stupéfiant.

En France, des inconnus ne peuvent pas prendre l'exécutif par surprise. Ils doivent faire antichambre auprès du peuple souverain qu'ils auscultent au fil des événements, des succès et des revers : un homme politique qui n'a pas fait ses classes ne saurait prétendre tout de suite à une trop grande ambition. Jacques Chirac avait achevé son apprentissage élyséen. Il fut élu président, au printemps 1995.

Aux premières loges depuis plus de trente ans, Jacques Chirac avait fini par faire partie du patrimoine. Il avait beaucoup trahi, il avait tenté beaucoup d'entreprises qui avaient échoué, mais il avait triomphé de mille embuscades ; il avait fini par entrer dans la mythologie nationale, comme une sorte de mousquetaire généreux, infatigable, souvent défait, jamais vaincu.

On le savait fougueux, bondissant et emporté

comme d'Artagnan, mais on remarquait qu'il était le seul, sous la Vᵉ République, à avoir été Premier ministre à deux reprises, et il n'avait tenu qu'à lui de l'être une troisième fois en 1993, avant d'accéder à la présidence. Un homme de performances.

Il aura été sous-ministre sous de Gaulle, ministre sous Pompidou, Premier ministre sous Giscard et sous Mitterrand. Les Mémoires de Chirac, s'ils devaient exister un jour – mais ce n'est pas sa coquetterie –, couvriraient toute l'histoire de cette République dont il aura été un serviteur attitré.

Jacques Chirac n'est pas un idéologue, mais un pragmatique obstiné, un professionnel tanné de l'exécutif. Les idées ne l'ont jamais vraiment encombré ; même s'il les porte en sautoir pour faire sérieux, il leur a toujours préféré les conflits, les hommes, les échéances. Toujours prêt à en découdre, contre ses propres amis, ses propres alliés et ses adversaires, toujours prêt à les affronter, au besoin tous ensemble, il aime le son du moteur qui démarre. Et, plus encore, l'ivresse, le frisson, et la pulsion qui accompagnent la prise de décision, le moment de la mise en jeu.

Il accède finalement à la présidence en 1995, parce qu'il est à la fois l'homme de pouvoir et l'opposant infatigable susceptible de brusquer la donne : l'électorat qui n'a pas abandonné tout scepticisme à son égard attend de lui, en mai 1995, qu'il trouve enfin la sortie dans le labyrinthe des impasses françaises.

L'homme qui aura sans doute serré les mains de

plusieurs millions de Français pendant toute sa carrière politique a soixante-trois ans lorsqu'il est élu président : il a la sagesse supposée de celui qui a accumulé une formidable expérience du gouvernement des Français. Il est l'homme de la situation. Tous les Français savent que le mousquetaire d'Artagnan a fini maréchal de France. C'était dans la force des choses. Mais ce que l'on sait moins, c'est qu'il est mort d'un coup d'arquebuse lors du siège d'une forteresse espagnole aux Pays-Bas qui s'appelle Maastricht.

Pendant longtemps, il a traîné une mauvaise réputation de looser, d'homme influençable qui cède au dernier qui a parlé, de machine exceptionnelle qui doit être en permanence reprogrammée pour éviter l'erreur de calcul ; Jacques Chirac passait auprès de ses anciens amis pour un type formidable mais qui n'avait pas l'étoffe des héros présidentiels, et ceux-là, pour cette raison, avaient rallié la candidature Balladur. Longtemps, il a dû lutter contre cette sombre renommée, jusqu'à la révolte de 1994, lorsque, candidat délaissé, il part en guerre contre son Premier ministre, son ami de trente ans. Cette rébellion contre la fatalité fera le lit de son triomphe. Ça tombe bien : les Français ne veulent plus du trop orthodoxe et trop suave vizir ottoman.

Jacques Chirac connaîtra furtivement l'ivresse de la victoire. Une espérance est née dans le sillage de cette rébellion contre l'establishment.

Mais il commet d'emblée sa première grande

erreur : il ne dissout pas l'Assemblée bleu horizon élue en 1993.

Il a voulu tenir cette promesse électorale faite pour se rallier le soutien des députés de droite contre Edouard Balladur – qui, avait annoncé son intention de dissoudre immédiatement, dans la logique des institutions de la Ve. Jacques Chirac, bonimenteur toujours prêt à une concession de campagne, se pose alors en protecteur de la Chambre.

Il y a des promesses qu'il faut tenir parce qu'elles sont vitales – c'est une question de vie ou de mort – et d'autres qu'il ne faut surtout pas respecter : elles sont déjà oubliées et peuvent se révéler des pièges redoutables. Certains diront qu'il suffisait de ne pas les faire.

De toutes ses promesses de campagne, Jacques Chirac n'en aura tenu que deux : la reprise des essais nucléaires et la non-dissolution de l'Assemblée. Ni l'une ni l'autre ne concernent ses électeurs. Ce sont des engagements qu'il a contractés vis-à-vis de lui-même. Une idée qu'il s'est fait de sa présidence : il s'est construit de manière entêtée un personnage entier sur lequel il n'entend pas revenir. Le 14 juillet 1996, il répétera d'ailleurs qu'il n'entend toujours pas dissoudre.

Cette promesse d'apparatchik est du nombre, elle ne concernait que le demi-millier de députés de droite, dont il s'était ainsi attiré les bonnes grâces, et, pour certains, celles-ci se limitaient à une stricte neutralité.

Il avait pourtant en sa faveur une sorte de droit coutumier : les deux dissolutions de François Mitterrand au lendemain des deux élections présidentielles victorieuses. Et un précédent fâcheux, celui de Valéry Giscard d'Estaing refusant de dissoudre en 1974, à la suite de l'accord qu'il avait noué avec un certain Jacques Chirac, qui venait de prendre à l'abordage les restes du parti gaulliste.

Le nouveau chef de l'État respecte scrupuleusement cette promesse dérisoire, en échange de quoi il ne respecte pas les autres : il sort de la logique politique. Le changement attendu, qui nécessitait une majorité parlementaire sur mesure, chiraquienne pur sucre, a déjà du plomb dans l'aile avant même de commencer. Faute de s'y résoudre, il s'enferme dans ses 20 % du premier tour. Le mécanisme implacable qui aboutira à la dissolution vient de se mettre en marche : il va tout broyer sur son passage.

Jacques Chirac a construit l'ensemble de son dispositif présidentiel sur ses partisans de la première heure, sur ce premier tour étriqué, où il sait compter des fidèles. C'est son donjon, il y règne sans partage, et Alain Juppé en est le connétable. Au-delà, c'est un univers de traîtrises, où « les hommes qui lui ont manqué » piétinent en légions éparses.

Les environs de Jacques Chirac après cent campagnes ou presque sont peuplés de guet-apens : il a une réaction de nature paranoïaque vis-à-vis de tous les infidèles de son aventure politique. C'est l'histoire d'un homme toujours trahi, par ses meilleurs amis, par tous ceux qui, à l'image de Nicolas Sarkozy, ont partagé son intimité quotidienne et familiale et qui, un jour, sont venus à la télévision lui demander de se retirer de la course à la présidence.

Car Jacques Chirac, au cours de sa longue cavalcade, aura toujours été généreux avec sa confiance. Il l'aura accordée plus qu'il ne fallait. Et cette confiance aura été, à de multiples occasions, trompée. Depuis les années 60, les mentors, les guides, les éveilleurs, les inspirateurs, les conseillers, se sont succédé auprès de lui, et tous ont jeté l'éponge lorsqu'il leur échappait dans une direction inattendue.

Triomphant en mai 95, après avoir déjoué tous les pronostics, après avoir échappé au complot de ses proches des années 86-93 qui l'ont combattu pour le faire lâcher prise, Jacques Chirac peut enfin faire la loi. Il a atteint l'Olympe politique, malgré ses instigateurs : il ne leur pardonnera jamais de l'avoir sous-estimé, d'avoir pu croire qu'ils pourraient le manipuler facilement. Au lieu de rassembler, il érige alors sa méfiance en système de gouvernement.

La majorité se partage dès lors en deux camps distincts : ceux qui ont cru en lui et tous les autres, ceux qui l'ont abandonné, qui l'ont condamné, au profit d'Edouard Balladur.

Autour de lui, une petite équipe, un commando que l'on serait tenté d'appeler les Prussiens, par référence à un autre système présidentiel paranoïaque – celui de Richard Nixon –, parce qu'ils sont jeunes, sûrs d'eux, autoritaires, cinglants, et sans le moindre état d'âme.

Le chef d'État met cette garde politique au cœur de son dispositif présidentiel et gouvernemental. Et il n'en changera pas. Quoi qu'il advienne. Il a tenu parole, comme le prouve la dissolution. Il leur sera d'une fidélité sans partage. Presque tragique.

Cet homme, d'une assez grande indigence d'expression, est un personnage de roman : ce bretteur tellement infatigable qu'on l'imagine dopé, ce conquérant dont les propos ne cessent de se référer à la dialectique du maître et de l'esclave, ce Pantagruel de la politique taillé comme un deuxième ligne de rugby, ce séducteur du IIe hussards qui ne fait pas dans la litote amoureuse et ne cesse de courir après la multitude, ressemble à ces funambules perchés sur un fil dans les hauteurs du ciel et qui risquent de tomber, à tout moment, à la moindre rétrospection.

La méfiance torture obscurément ce président perché qui ne trouve aucun apaisement dans sa fonction. Comme si sa vie avait été à ce point tissée par les fils de la sujétion et de la trahison, qu'il entendait s'en échapper et être enfin intransigeant et inflexible : il n'y aura aucun pardon. L'homme qui ambitionne de transformer les élites de la droite française ne pratiquera que l'exclusion. Même après la défaite des législatives, même diminué, il poursuivra les infidèles de sa vindicte. Jacques

Chirac veut faire le ménage dans sa biographie : il tente de s'en émanciper en coupant les ponts.

Ce président-là est le moins blindé, le moins cynique de toute la galerie élyséenne.

Pour préserver ce carré magique que forment autour de lui les éminences de son commando présidentiel, il préfère ne pas dissoudre immédiatement, en 1995, ce qui l'obligerait à composer, à fusionner, à associer, à mélanger, les anciens et les nouveaux. Il s'y refuse obstinément.

Il croit gagner au change. Les mains libres au gouvernement contre un sursis parlementaire pour les cohortes moutonnières de la droite. C'est cet équilibre précaire, mais psychologiquement rassurant, qui va mener naturellement à l'épisode de la dissolution, lorsque, au bord de la tétanie politique, il tentera une sortie. Elle ne pouvait être que sanglante.

Le donjon du surintendant Alain Juppé devient un bunker politique : la ligne suivie sera celle du passage à l'euro, coûte que coûte, avec un accroissement massif des prélèvements, des privatisations, et une réforme de la Sécurité sociale qui sont censés réaliser les économies dont l'État a besoin. On attendait Grouchy, ce fut Blücher : Alain Juppé surprend en faisant du concentré de Balladur, en plus raide. C'est, électoralement, un marché de dupes. Le pouvoir chiraquien au bout d'un an et demi de ce régime clapote dans les profondeurs des sondages.

Le Premier ministre, dont l'air vient à manquer,

souhaite changer de gouvernement, ce qui revient à dire qu'il faut ouvrir en grand les portes des ministères, notamment aux partisans d'Edouard Balladur, c'est-à-dire les anciens chiraquiens. Celui qui refuse toutes les moutures de remaniement, avec ou sans « société civile », avec ou sans « poids lourds », qui rejette tous les calendriers que lui propose Alain Juppé pour réaliser cette opération, celui qui constate *in fine* l'impossibilité de remanier, c'est toujours Jacques Chirac. Ses refus successifs préludent de manière irrésistible à la fuite en avant de cette dissolution qui surgit comme un remords.

Faute de solution au remaniement, il doit songer soit à changer de Premier ministre, soit à dissoudre. A force d'attendre, le changement de Premier ministre va signifier un changement de politique : il n'en est pas question ; et, au surplus, Jacques Chirac ne peut pas et ne veut pas remplacer le fidèle Juppé, qui lui ressemble, qu'il admire et auquel il se veut irréductiblement fidèle, comme s'il éprouvait le besoin de donner publiquement une leçon de loyauté. Nous ne sommes plus dans la politique, mais dans la morale féodale. Il se résout à la dissolution pour défendre Alain Juppé et ce faisant, sécuriser sa présidence.

La fascination du chef de l'État pour son Premier ministre s'apparente à l'exposé d'un cas psychanalytique. Lorsqu'il disait de lui « c'est le meilleur d'entre nous », il s'incluait, et la comparaison était naturellement très flatteuse pour son ancien adjoint à la mairie de Paris. Les deux frères, l'aîné et le cadet, ne se parlent pas facilement, comme s'ils craignaient de se déplaire. Et, à cette fin, ils doivent souvent user des facilités de communication de l'autre couple terrible du règne chiraquien : les deux Prussiens issus du Quai d'Orsay, Dominique de Villepin et Maurice Gourdault-Montagne.

La politique n'est pourtant pas très loin : le chef de l'État n'a pas de solution de remplacement pour Matignon : en tous les cas, il exclut d'office les deux grands solitaires de son inframajorité – celle du premier tour de 1995 – Philippe Séguin et Alain Madelin, car ces deux hommes, de gestion difficile, incarnent chacun de véritables changements de politique, et il les renifle comme des fourriers de la catastrophe, comme la marque d'un abandon, comme un reniement personnel et politique. Ils se prennent pour des mentors. Ils mènent campagne contre Alain Juppé. Ils sont invalidés. Retour à la case départ, retour à Juppé.

Attendre 1998, l'échéance normale des législatives : ce n'est pas non plus concevable. Alain Juppé ne tiendra pas un an de plus. Il faut faire mouvement. A la sortie de la seringue, il ne reste qu'une solution : la dissolution, conçue comme une minirévolution de palais. Par le truchement des urnes. Ayant muré toutes les issues. Jacques Chirac s'est piégé lui-même dans son donjon : il n'en sortira plus. L'histoire de la dissolution, c'est une histoire d'hommes, un drame dans une forteresse assiégée. Cette dissolution bâclée, à contretemps, ressemble à un autoportrait : Chirac y apparaît tel qu'en lui-même.

La dissolution, c'est le dénouement du bric-à-brac programmatique de sa campagne présidentielle : il doit trancher entre la voie libérale et la voie social-étatiste. Une dernière fois, il tente le passage en force de la synthèse Juppé. Il aura la social-démocratie.

Il avait renoncé à la dissolution en 1995 : il la retrouve deux ans plus tard, comme un reproche. Il fait ce qu'il aurait dû faire auparavant. Mais il est infiniment trop tard.

*

Les personnalités de droite informées directement par le chef de l'État – à de rares exceptions près – n'ont pas manifesté un enthousiasme excessif à l'énoncé de la manœuvre. Certains n'ont tout simplement rien compris, et sont sortis convaincus de l'imminence d'un remaniement. Mais les atouts de la majorité sortante paraissaient tellement supérieurs à ceux de l'opposition qui émergeait lentement du coma traumatique de 1993 que l'enjeu en valait finalement la chandelle : même mal joué, le pari semblait difficile à perdre. Ils se laissent convaincre.

Pour aller à la défaite, il fallait en effet mettre beaucoup d'acharnement : Jacques Chirac aura mené son entreprise jusqu'au bout, sans défaillance, sans jamais changer son scénario autodestructeur.

Jacques Chirac croit pourtant disposer d'une équation à laquelle il a travaillé tout l'hiver dans le huis clos de son carré magique et qui, dans tous les cas de figure, même les plus défavorables, semble lui garantir la victoire.

L'opération avait peut-être un nom, mais on ne le connaît pas. Le nom de code le plus approprié serait naturellement « Juppé for ever », un peu à la manière de ces serments naïfs qui accompagnent les gravures réalisées à la pointe du couteau sur l'écorce des vieux arbres. Toute l'opération dissolution consiste à remettre le Premier ministre sortant en piste pour cinq ans, à mimer le changement pour que rien ne change, pour que ce couple fasse au moins un septennat côte à côte, sinon un second. Le point de départ, c'est Juppé, et le point d'arrivée, c'est encore Juppé. Il n'y a pas de tiroir secret dans cette affaire, au fond duquel le Président aurait caché une nouvelle politique. Il n'y a que la préservation d'un couple à nul autre pareil sous la Ve République, où chacun veille sur l'autre.

L'ancien maire de Paris est un homme de batailles. Il en a mené beaucoup, avec son lot de défaites et de triomphes, ceux-ci nombreux au demeurant. Il aime le mouvement et ne tient pas en place. L'immobilité l'anémie et l'attriste. L'action l'anime et le stimule. C'est au sens propre un homme d'action, qui pense, en agissant, que l'engagement physique révèle à lui-même. Jacques Chirac n'est pas un ruminant aux aguets comme l'était François Mitterrand, mais un fauve que la course transfigure. La perspective de précipiter les événements a dû l'enthousiasmer : l'action, c'est-à-dire une campagne électorale au débotté, ce n'est pas dans son esprit, un moyen, mais la solution elle-même.

La campagne électorale, c'est le terrain de chasse favori du chef de l'État : il connaît sa pointe de vitesse exceptionnelle, ce trop-plein d'énergie qu'il peut dépenser sans compter et qui asphyxie l'adversaire. Et Mitterrand disparu, il ne voit personne susceptible de l'égaler dans cette épreuve. C'est sur son terrain qu'il entend précipiter tous ses adversaires. Il y est certain de vaincre. En deux temps et trois mouvements, il aura plié la campagne. D'ailleurs, il n'y aura pas de campagne, mais une opération-commando électorale prenant la droite, l'extrême droite et la gauche par surprise, sans vrais candidats et sans réels programmes, au terme de laquelle il imposera sa volonté à la majorité sortante et dont Juppé sera à ses côtés l'irrésistible triomphateur.

Jacques Chirac est à la politique ce que sont ces financiers internationaux qui pratiquent en bourse des razzias sur des entreprises sous-cotées, pour s'emparer des actifs et les revendre par appartements. On appelle cela des raiders. Depuis le début de sa carrière, Jacques Chirac est un « raider ». Du bonapartisme du Général, il n'a retenu que les coups de main, et il les multiplie : l'élimination de Jacques Chaban-Delmas à la mort de Georges Pompidou, la prise de l'UDR moribonde, la démission de Matignon au cœur de l'été 1976, la création du RPR, et la prise de la mairie de Paris, l'élimination de Giscard en 1981, et d'autres moins glorieux.

L'opération-commando, le raid audacieux, la percée brutale, c'est le credo chiraquien. De la prise de l'UDR à la dissolution, Jacques Chirac est resté disponible pour l'aventure d'un petit groupe décidé, capable de renverser les situations les plus périlleuses. La dissolution de 1997, c'est la synthèse de toutes ces audaces passées qui jalonnent sa carrière mouvementée.

Cet homme fragile, que seule l'action apaise, va commettre pourtant le pire des péchés en politique : il va se surestimer et, pire encore, sous-estimer ses adversaires. En réalité, il est déjà hors jeu : d'emblée la campagne va lui échapper.

*

Tous les germes de l'échec final sont rassemblés au départ. Pour le chef d'orchestre de ce blitzkrieg électoral, la campagne ne devait être qu'un simulacre. Elle aura pourtant lieu malgré lui, malgré ses calculs, malgré ses hypothèses. Et il sera battu sur son propre terrain.

Jacques Chirac pense disposer de cinq atouts, des cartes maîtresses qu'il rebat pendant des mois et que les premiers sondages discrets semblent vérifier : le réflexe légitimiste, la prime aux sortants, le danger du FN neutralisé par la campagne surprise et par les lois Debré sur l'entrée et le séjour des étrangers en France, les socialistes en pleine convalescence mais aux prises avec une contestation de gauche sur l'immigration et un programme économique marqué à gauche, enfin, l'échéance de l'euro qui sera le prétexte de cette convocation surprise aux urnes.

Dans son jeu, le président des coups de main a une sixième carte. Elle ressemble à l'Excuse que les joueurs de tarot connaissent : bien jouée elle rapporte, mais si on la garde dans la main, elle pénalise lourdement. C'est Juppé. Il n'est pas populaire. Il cristallise sur lui des réactions de rejet. Elles sont injustes. Et Chirac veut en asséner la plus éclatante des démonstrations. Le Premier ministre va mener la campagne et s'imposer au cours de cette épreuve conçue sur mesure comme un oral de rattrapage pour un Premier ministre en cours d'élimination.

Tous ces atouts vont se révéler de formidables méprises.

Le réflexe légitimiste ne joue plus depuis 1986, depuis la première cohabitation. Il est neutralisé par la perspective rassurante d'une coexistence de deux légitimités. Elle fonctionne comme un ultime filet de protection. Après deux épisodes, dont l'un avec Jacques Chirac dans le rôle du Premier ministre, l'électorat sait que les risques sont limités, que le système politique peut tout à fait supporter ce pis-aller. La cohabitation est un bricolage institutionnel qui a fait ses preuves, et, à l'expérience, il est seul en mesure d'imposer un contre-pouvoir, fût-il présidentiel, à une majorité triomphante. Voter pour l'opposition c'est d'autant moins inquiétant que le chef de l'État sera là pour éviter les débordements. Il est remarquable d'ailleurs que, tout au long de cette campagne, aucune voix ne se sera véritablement élevée contre ce recours qui fait désormais partie de la règle du jeu institutionnel.

Dès lors que la censure de Juppé a envahi la campagne comme une tornade dévastatrice, la cohabitation apparaissait comme un système d'amortisseurs susceptible d'assouplir une nouvelle alternance. Elle la favorisait.

La prime aux sortants après le triomphe de 1993 donne à la majorité un avantage indiscutable. Les bataillons de députés RPR et UDF peuvent être envoyés à la boucherie législative, servir de chair à canon électorale ; l'avance en sièges est telle que la marge de sécurité est considérable. En quatre ans, ils auront eu le temps de se faire connaître, de s'enraciner, à la différence des candidats de l'opposition dont certains n'ont pas encore eu le temps de rendre visite à leurs électeurs potentiels.

L'histoire électorale plaide en faveur du calcul présidentiel.

L'opposition, contrainte et forcée par le désastre de 1993, a renouvelé la grande majorité de ses candidats avec beaucoup de jeunes et de femmes. Chirac avait tout prévu sauf les jeunes et les femmes. Il n'y croyait tout simplement pas.

Comme le cumul des mandats, lui qui fut maire de Paris et député de Corrèze, sans l'ombre d'une hésitation, il considérait ces histoires comme des « pièges à cons ». Le piège a parfaitement fonctionné mais à ses dépens : la société a changé et il n'en a pas tenu compte. Il a laissé Alain Juppé décorer son premier gouvernement avec des femmes et les licencier au moment de la formation du second, sans un mot, comme on change les papiers peints de son salon. Ce geste ruineux resurgira, comme un grelot, à l'heure fatidique. D'autant que Jacques Chirac avait fait la différence en 1995, grâce aux jeunes et aux femmes. Déçus, ils se sont retournés contre ses candidats.

Troisième atout : les lois Debré sur l'entrée et le séjour des étrangers en France. Lorsqu'il voit les manifestations des pétitionnaires enfler et tourner à la contestation de la tiédeur de Lionel Jospin, Jacques Chirac et son commando croient friser le génie tactique. Ces lois, non seulement divisent la gauche, mais elles vont amoindrir les effets du Front national. Le chef de l'État connaît alors l'excitation qui préside aux grandes découvertes : il est convaincu d'avoir inventé le paratonnerre électoral susceptible de détourner de la majorité la foudre du parti lepéniste. La tournure prise par les événements ouvre une excellente fenêtre de tir aux pigeons.

Cet atout était lui aussi biseauté. Les députés menacés dans leur circonscription par le Front national et qui ont fait un lobbying actif auprès du chef de l'État, du Premier ministre et du ministre de l'Intérieur pour que cette nouvelle mouture des lois Pasqua voie le jour seront en général battus au cours de triangulaires meurtrières.

Calcul au parfum de cendres : Jacques Chirac et Alain Juppé ont une guerre de retard. Ils alignent des chars, alors que la modernité est au missile de croisière. L'épouvantail de l'immigration a cessé d'être le seul fonds de commerce du Front national. Celui-ci a ouvert de nombreuses surccursales à l'enseigne de la dénonciation de la corruption générale des élites et de leur autoprotection. Jacques Chirac fait le forcing pour les lois Debré mais semble protéger ses anciens équipiers de la mairie de Paris, et de la Région Ile-de-France, pour la plupart promus aux postes clefs du gouvernement et du cabinet présidentiel. La litanie quotidienne des dossiers concernant le financement occulte du RPR annihile tout effort de restauration de l'État : Jacques Chirac croit percer là où, en réalité, il se découvre. Le même cocktail, chômage plus affaires, qui a déjà désintégré la gauche emmenée par Pierre Bérégovoy, va produire cette fois encore des effets similaires.

Quatrième atout : la convalescence des socialistes, l'incapacité dans laquelle l'opposition se trouve, selon le Président, de se poser en solution alternative au gouvernement Juppé. Le diagnostic est à peu près unanime parmi les conjurés : les socialistes sont hors jeu. L'emprise de Lionel Jospin sur le parti est émoussée et il subit déjà des contestations. Les socialistes ont fait l'erreur de confier aux plus doctrinaires d'entre eux la rédaction du programme économique : les trente-cinq heures payées trente-neuf, les sept cent mille emplois, le refus des privatisations ; autant de mesures qui peuvent aggraver les déficits et, de ce fait, rendre le passage à la monnaie unique impossible. Ils ne peuvent en tout état de cause constituer une menace sérieuse, et l'annonce de la dissolution va raviver inévitablement leurs divisions.

L'erreur des Prussiens de Chirac apparaîtra dès la veille de l'annonce officielle de la dissolution. Lionel Jospin est l'invité d'Anne Sinclair sur TF1. Le rendez-vous est pris de longue date. Et le leader socialiste se trouve dans la situation exceptionnelle de devoir lancer la campagne avant même que l'opération commando n'ait été déclenchée. Une chance pour celui qui était censé être pris totalement à contre-pied. Ce hasard de la programmation de « 7 sur 7 », Lionel Jospin va en jouer pleinement : considérant la décision comme acquise, il lui suffit de reprendre sa campagne présidentielle là où il l'avait laissée, il y a un peu moins de deux ans, lorsque, le dimanche soir du deuxième tour, il avait remercié ses électeurs et souhaité à Jacques Chirac de réussir.

Le PS est surpris, son leader ne l'est pas. Il a derrière lui une campagne présidentielle de belle facture qui l'a amené en tête au premier tour, et il n'a été battu au second tour que par un faible écart, suffisamment faible pour lui donner à penser que, s'il n'était pas possible de gagner en 1995, la prochaine échéance se présenterait de manière très favorable. Lionel Jospin n'avait pas anticipé la dissolution de 1997, mais, depuis la présidentielle, il se préparait très concrètement à la cohabitation de 1998. Il n'a pas cessé de s'y préparer. D'où ce paradoxe de la fin avril : Lionel Jospin était déjà en campagne, alors que la majorité n'avait pas encore lancé son raid surprise.

Pour le leader socialiste, cette dissolution annoncée a tous les attraits d'une divine surprise. Non seulement il ne la redoute pas, mais elle lui résout un problème délicat : il peut présidentialiser à loisir cette campagne législative, enfourcher le même cheval qu'en 1995, sans que son parti puisse en prendre ombrage ; à la guerre comme à la guerre. Pour les mêmes raisons, les accords avec les composantes de la gauche sont facilités, d'autant que, si ses alliés sont certains d'entrer ou de revenir en force au Parlement, ils ne pensent pas un instant pouvoir gagner. Lionel Jospin a un autre avantage sur eux : cette fois, il croit la victoire possible.

Lors de ce « 7 sur 7 » exceptionnel, le conseiller général de Cintegabelle prend ses marques et donne le *la* de ce qui va suivre. Il ne s'épuise pas à contester la manœuvre de la dissolution, il y voit une opportunité pour changer de politique – ce que confirmeront les électeurs –, il enfonce le clou de 1995 en reprenant la thématique de campagne de Jacques Chirac face à Edouard Balladur, qu'il retourne contre son auteur. La fracture sociale, la priorité à l'emploi et les conditions de passage à la monnaie unique : ce jeu de miroirs en abîme, qui répète de manière lancinante la campagne présidentielle, mais quasiment à fronts renversés, sera cruel pour le chef de l'État. En l'écoutant, il pouvait presque s'entendre parler, et ce rappel des promesses non tenues devait avoir une sonorité aigrelette. Jacques Chirac n'en avait encore rien dit qu'il se trouvait déjà sur la défensive. Ce n'est pas Lionel Jospin qui est pris de court, mais Jacques Chirac.

Enfin, dernier atout chiraquien : le Président se met en scène depuis le 26 octobre 1995 comme le maître intransigeant de l'euro, celui par qui la monnaie unique verra le jour, à l'heure dite et selon les critères couchés dans le traité de Maastricht.

Les épreuves d'admission auront lieu en avril 1998 : le risque d'un télescopage entre ce calendrier et celui des législatives françaises sert de toile de fond à la manœuvre délicate de la dissolution. Sur ce terrain, il compte rallier toute l'UDF, qui compose, à droite, la brigade des voltigeurs de la construction européenne, et cette perspective ne peut que jeter une épouvantable zizanie dans l'opposition, au sein du PS, entre le PS et le PC, et le MDC de Jean-Pierre Chevènement.

La raison de l'euro semble devoir l'emporter, les monsignore de la garde rapprochée en font déjà une exégèse savante. Mais, lorsque Jacques Chirac s'adresse au pays, la réalisation de la monnaie unique n'est jamais présentée comme la grande cause pour laquelle il est urgent de ne pas attendre mars 98.

L'argument fait-il soudain peur à ses auteurs, parce qu'il risque d'agréger un vote identitaire autour du Front national ? Redoutent-ils un remake aggravé du référendum de Maastricht et de la fracture qu'il avait suscitée en proposant de transformer la campagne des législatives en piqûre de rappel ? L'entrée en campagne de Lionel Jospin, sa petite musique nostalgique de 1995 et les conditions mises au passage à l'euro ont-elles contraint les ingénieurs de l'opération à modifier au dernier instant ce qui avait été minutieusement préparé ?

Une chose est certaine : après sa défaite, certains des membres les plus influents du commando présidentiel reconnaîtront qu'ils ont eu tort de ne pas vertébrer la campagne autour de cette échéance. Cette carte, Jacques Chirac n'osera pas la jouer pleinement. Il abandonne d'entrée de jeu le terrain européen à Lionel Jospin, de telle sorte que l'ensemble de la droite parlementaire, Alain Juppé en tête, finira *mezzo voce* par se rallier aux conditions brandies par le leader socialiste. C'est déjà le monde à l'envers. Et pourtant on n'a encore rien vu.

*

Jacques Chirac et son équipage sont tellement convaincus de la pertinence tactique de leur raid électoral qu'ils ont conclu à l'inutilité de toute campagne. Axiome de base : il n'y a pas en France, au printemps 1997, de véritable alternative à la politique Juppé. L'évidence s'imposera en quelques semaines : aucune force politique n'aura le temps de concevoir, de mettre en place et de déployer un plan de bataille susceptible de retourner l'opinion.

C'est cette vision que vont découvrir les électeurs le jour de l'entrée en campagne du chef de l'État, et que confirmera le lendemain celle du Premier ministre : rien dans les mains, rien dans les poches. Ils sont tellement sûrs d'eux-mêmes qu'ils vont à la bataille désarmés : ils n'ont fourbi aucune munition, ils n'ont rien usiné, ni programme, ni discours, ni argumentaire, ni slogans. Il leur suffira d'improviser pour l'emporter. A l'exception des scrutins législatifs qui suivent les échéances présidentielles, jamais sans doute, à l'époque moderne, une campagne n'aura été préparée aussi légèrement.

Cette suffisance est un aveu. Comme le dira après l'allocution présidentielle, le chef de l'opposition parlementaire, Laurent Fabius, dans une formule lapidaire et cruelle qui fera d'autant plus mal qu'elle dénude totalement tous les fils du dispositif : « C'est Juppé pour cinq ans. »

La sécheresse de cette présentation chiraquienne va entrer en collision immédiate avec l'électorat.

En dissolvant l'Assemblée élue en 1993, moins de deux ans après les élections présidentielles, le chef de l'État redonne la parole au peuple. Celui-ci, loin de dénigrer le caractère manœuvrier de la décision présidentielle, saute sur l'occasion pour censurer le gouvernement Juppé.

La campagne aura lieu, mais contre Juppé.

C'est irrésistible. Comme un boxeur qui, dès le début de la première reprise, se fait cueillir à froid et doit être compté, le Premier ministre doit réviser en catastrophe son plan de marche. Le paysage a brusquement changé.

Alain Juppé coagule sur lui toute la charge négative du pouvoir, ses fréquentes maladresses d'expression, ses promesses oubliées, ses tête-à-queue stratégiques inexpliqués, les hausses accablantes des prélèvements, ses tentatives malhabiles contre les régimes de retraite, ses mises en cause grossières des médecins qui sont partis illico en croisade et qui ne le lâcheront plus, le remugle lancinant des affaires jamais purgées... Dès l'ouverture officielle de la dissolution, tout ce qui a été accumulé pendant deux ans remonte à la surface et assaille le chef de campagne.

L'opération commando vire irréparablement au référendum pour ou contre la présence d'Alain Juppé à Matignon. De manière fortuite, le quatuor de l'Élysée-Matignon a soumis la question du Premier ministre au jugement de l'électorat. Le raid électoral est déjà en train d'échouer dans le désert des illusions perdues : Alain Juppé, piégé, court désormais vers l'échafaud. Il sera sacrifié pour sauver ce qui reste de la présidence lorsque celle-ci, face à la cohabitation qui se profile, devra sonner la retraite.

Le Premier ministre sortant est pourtant une de ces petites merveilles produites régulièrement par le système d'éducation français. Ce fils du peuple est devenu un des plus forts en thème de sa génération ; il cumule, ce qui est extrêmement rare, une agrégation de lettres classiques et des formations administratives et financières de haut niveau. Un généraliste à peu près parfait, qui pense plus vite que l'écrasante majorité de ses contemporains, qui le sait et le laisse voir.

Dans le sillage de Jacques Chirac, il n'aura jamais tergiversé. Cet homme de cabinet, ce conseiller toujours disponible et qui ne disputait jamais sa fidélité au fil des éliminations, des disparitions, des abandons, sera devenu le premier des chiraquiens. Dans le couple qu'il forme avec le chef de l'État, avec l'ancien candidat, avec l'ancien Premier ministre, l'ancien chef du RPR, le politique c'est l'autre. Et Jacques Chirac pense l'être au moins pour deux. A Alain Juppé d'assumer le rôle du chef d'état-major particulier, du préparateur de haut vol, de l'indispensable connétable.

Cet attelage fonctionnait à la perfection tant que le cadet n'était pas en situation de principal décideur politique. La victoire de 1995 va changer la donne. Matignon révèle brutalement sa principale faiblesse : l'homme ignore le séducteur qui est au cœur de l'action politique, il résiste à tout donjuanisme à l'égard des rapports de force, et lorsque, au bout du compte, ses amis le forcent à plaire, il prend une pause ricanante, presque caricaturale, qui aggrave la posture recherchée. Cet homme d'équations ignore les voluptés de la bousculade politique.

Au contraire, d'épreuve en épreuve, il se durcit, se fige, se minéralise : la dissolution le saisit dans l'état où il se trouvait encore quelques semaines auparavant, « droit dans ses bottes », quasi Prussien.

Le brillantissime Juppé est une personne déplacée : ce géomètre de l'appareil d'État, ce réformateur colbertiste a la passion des objectifs, mais il redoute les moyens d'y parvenir, comme autant d'instruments tout à la fois brûlants et glacés dont il ne parviendrait pas à se saisir. Car la politique, dialectique des circonstances et des moyens, est un art qui lui reste étranger. Il ressemble alors à ces héros sartriens confrontés au caractère gluant de la force des choses.

La Tentation de Venise, petite confession bien tournée, exprimait sur un mode allusif et léger, cette distance qu'éprouve ce concepteur de la chose publique face à l'âpre délicatesse de l'action politique. Il suffoque de colère face à l'incompréhension de ses contemporains, à l'injustice de leurs jugements, *a fortiori* lorsqu'ils viennent de ses compagnons, de ses alliés. Et la colère, cette émotion brutale, l'éloigne chaque fois un peu plus d'autres émotions plus collectives et qui lui restent douloureusement impénétrables.

De toute évidence, tout comme son aîné et son maître, Alain Juppé éprouve une irrésistible attirance pour la prise de décision. Il sait intellectuellement que ce n'est qu'une partie de l'action politique. Mais l'autre part lui échappe sans cesse, comme le sable entre les doigts.

Jacques Chirac s'est battu pour conserver Alain Juppé à Matignon. Il a pris tous les risques pour y parvenir. Seule la défaite imposée par le corps électoral pouvait le contraindre à ce qu'il répugnait absolument à faire : changer de Premier ministre. Toute autre force aurait échoué dans cette entreprise, comme s'il était devenu inaccessible à la raison pure de ses intérêts. Ce qui revenait à dire : plutôt Jospin que quiconque issu de la majorité sortante. C'est dire l'immensité de la confiance qu'il avait placée dans sa relation avec Alain Juppé.

Aujourd'hui encore, dans les conversations avec ses visiteurs, lorsque la question est évoquée, il dément avoir pu laisser entendre qu'il envisageait entre les deux tours de s'en séparer. Il plaide l'incompréhension, tant il lui paraissait évident que seul Alain Juppé pouvait se succéder à lui-même, même au lendemain d'une victoire acquise *in extremis*.

Jacques Chirac met une hargne racinienne dans cette mise en scène d'une fidélité qui répugne au calcul et à la raison. Le chef de l'État a voulu faire une démonstration publique de son attachement à un homme et à une équipe, comme s'il tentait de prouver à tous ceux qui l'ont trahi dans le passé que c'était désormais sa loi. Au risque de se faire crucifier. Les électeurs n'ont retenu de cette représentation désespérée que l'infidélité d'un homme d'État à ses promesses électorales. Le malentendu est cruel.

*

Depuis près de vingt ans, tous les gouvernements sortants sont malmenés et, à une exception près, ils ont tous été battus. Raymond Barre en 1978 est en effet sauvé de justesse par Georges Marchais qui met en crise le programme commun à la veille des élections. Mais il n'échappe pas à la défaite générale de 1981. Aux législatives de 1986, le gouvernement de Laurent Fabius est battu, tout comme le sera l'équipée cohabitationniste de Jacques Chirac en 1988. Pierre Bérégovoy subira le même sort en 1993, et Edouard Balladur en 1995 vérifiera à ses dépens cette loi des séries en temps de crise, qui fait de notre démocratie, la plus instable d'Europe.

La courbe régulièrement montante du chômage est un couperet sans appel : personne n'échappe à la sanction des électeurs, d'autant que le système de la cohabitation évite les embardées trop brutales.

Comment Jacques Chirac et Alain Juppé ont-ils pu penser qu'ils réussiraient à faire exception, que ce tableau de chasse impressionnant prendrait fin avec eux, alors qu'ils avaient échoué dans le domaine de la croissance de l'emploi comme tous leurs prédécesseurs ?

Ils redoutaient l'échéance de mars 1998 pour laquelle ils pronostiquaient une défaite plus que probable. Toutes les oppositions s'y seraient préparées, et tous les ingrédients de l'échec alors réunis auraient scellé la défaite. Ils ont misé sur les circonstances et l'effet de surprise pour déjouer la fatalité électorale, certains d'y échapper.

En quelques heures seulement, ils sont rattrapés par le vote-sanction et l'aspiration au changement politique. Ils avaient tout envisagé, sauf de changer de politique.

Le plébiscite anti-Juppé crée une dépression nationale que Jacques Chirac et l'équipe Juppé ne parviendront jamais à combler.

Un espace béant s'est découvert à marée basse. Ce brusque changement propulse les socialistes en position d'alternative, en même temps qu'il permet aux extrémistes de droite de multiplier les coups de boutoir, et à tous ceux qui trépignent au sein de la majorité sortante face au gâchis ambiant de marquer leur différence.

La campagne RPR-UDF va être ainsi parasitée par d'innombrables coucous libéraux qui vont y faire leurs nids. Ils ont pour eux la logique de la situation : il faut remplir de toute urgence le songe-creux chiraquien. Le chef de l'État a joué en 1995 la confusion entre deux politiques, une politique libérale d'inspiration anglo-saxonne et une politique plus étatiste ; l'impossible synthèse confiée à

Alain Juppé a échoué. La France veut le changement : il faut entreprendre l'expérience libérale.

Les trois tentatives récentes, toutes mâtinées à haute dose de colbertisme, ont pourtant suscité des rejets au moins aussi violents que ceux provoqués par le gouvernement Juppé : Raymond Barre s'y est essayé, puis Jacques Chirac lors de la première cohabitation, et même Edouard Balladur au cours de la seconde. Tous ont dû battre en retraite : les nouveaux libéraux y voient pourtant la preuve qu'il est temps de passer à la version non édulcorée du modèle libéral.

Cette campagne parallèle va semer le désarroi au sein de l'électorat majoritaire et alimenter l'argumentaire socialiste sur les projets cachés de la droite. Les composantes populaires de l'électorat lepéniste se braquent un peu plus. Et la gauche revient dans le sillage de Lionel Jospin, à la recherche d'un « espoir d'espoir ».

Les partisans du virage libéral entendaient préempter l'avenir. En anticipant les lendemains d'une potentielle défaite de la majorité, ils l'auront rendue inéluctable.

La boussole majoritaire a perdu le nord : au fur et à mesure qu'Alain Juppé est invalidé par l'électorat, la campagne de substitution libérale, avec ses promesses de déchirements sociaux, fait le lit de la gauche.

La conjoncture est inespérée pour l'opposition : un effondrement brutal du gouvernement sortant, chaque jour plus tétanisé, qui solde la campagne présidentielle du candidat Jacques Chirac, une partie de la droite qui agite la crécelle libérale des vertus de la jungle sociale, la gauche peut apparaître comme une alternative raisonnable.

Quatre ans après son Waterloo, le retour de la gauche paraissait inimaginable. Il aura fallu une invraisemblable coalition de toute la droite et de l'extrême-droite pour aider le Parti socialiste à réussir cet exploit.

La France, avec la révolution technologique et économique des vingt dernières années, est devenue un pays fragile, déchiré, en quête souvent désespérée de repères. Le caractère systématique des alternances politiques témoigne, de la part de l'électorat, d'un forcing à la réussite, d'une recherche impatiente de l'efficacité gouvernementale.

La France avance en crabe : l'étrillage régulier des équipes gouvernementales, sans distinction de couleur et de label, chaque fois qu'on en donne l'occasion aux électeurs, lui profile cette allure étrange, comme si ceux-ci n'avaient pas d'autres moyens de contraindre les politiques au réalisme de leurs propositions, au respect de leurs promesses et de leur fonction, et au pragmatisme gouvernemental.

Ces élections prouvent que les Français croient plus à la politique que les professionnels qui sont censés les représenter. Ils sont toujours avides de changements profonds, et ne paraissent pas s'être résolus à une politique à sens unique.

C'est dans ce contexte que l'alternance socialiste a « cristallisé », d'autant plus facilement qu'il y avait infirmité de la droite, incapacité à penser les réformes autrement qu'en épreuve de force destructrice.

Selon tous les dictionnaires, le contraire de dissolution, c'est cristallisation. Jacques Chirac dissout et l'alternance cristallise. En réalité, la décision présidentielle a provoqué une véritable autodissolution de la droite : la gauche a ramassé le gouvernement que Jacques Chirac avait imprudemment laissé tomber, en se faisant l'avocat donquichottesque d'Alain Juppé face à un électorat ulcéré.

Lionel Jospin aura été l'agent de cette cristallisation.

*

Lionel Jospin a de la chance et le reconnaît bien volontiers. Ce faux modeste croit en lui.

François Mitterrand, qui a toujours aimé « jouer aux hommes », alors qu'il n'est encore que le leader socialiste aux portes du pouvoir, distingue deux jeunes énarques au milieu d'une multitude qui encombre son sillage : Laurent Fabius et Lionel Jospin. Le premier devient son porte-parole, l'autre son second au Parti socialiste.

Lionel Jospin fait ses premières armes télévisées contre le communiste Georges Marchais, le précurseur du « Bébête Show » et des « Guignols de l'Info ». Il n'a que quarante-quatre ans, lorsque

François Mitterrand lui confie le Parti socialiste, de préférence aux éléphants de l'appareil. Il le dirige jusqu'en 1988 en homme de devoir et de mission, en pasteur réformé et en diplomate obstiné.

Il est programmé pour devenir le second Premier ministre du deuxième septennat, lorsque, en 1988, il décroche du parti, contre la volonté présidentielle, et s'oppose à la prise de pouvoir de Laurent Fabius au sein de ce même parti. « Premier ministre d'État » dans le gouvernement Rocard, il tient à la précision, il ne sera pas pour autant de l'équipée Bérégovoy : il n'aura pas à côtoyer Bernard Tapie. Il prend laconiquement, mais fermement, ses distances avec le patriarche socialiste.

Après le désastre de 1993, dont il est l'une des victimes parlementaires, il a la chance que le nouveau ministre des Affaires étrangères, Alain Juppé, ne daigne pas lui remettre le pied à l'étrier d'une carrière diplomatique. La chance encore que Jacques Delors gèle la candidature socialiste à l'Elysée tout au long de l'année 1994 : lorsqu'il renonce, la voie est libre. Lionel Jospin n'a pas a batailler pour s'imposer. Il sort en tête au premier tour, et il est battu honorablement au second : les socialistes qui se croyaient damnés pour de nombreuses années ont exorcisé la défaite. Lionel Jospin récupère le PS et se prépare à gouverner en 1998. Mais Jacques Chirac lui facilite à nouveau les choses en précipitant les échéances.

Lionel Jospin garde la main : les obstacles semblent se dissiper devant lui. Il a de la chance, mais il sait aussi la prendre lorsqu'elle passe à sa portée. Ce sera à nouveau le cas au printemps 1997, lorsque le chef de l'État lui offre impromptu le troisième tour de la présidentielle.

Lionel Jospin n'a pas chômé depuis 1995. Il s'est emparé du parti, a préparé le renouvellement des candidats et des cadres, négocié des accords avec les autres composantes de la future majorité plurielle, commencé à jeter les bases d'un programme de gouvernement. La gauche social-démocrate est en cours de recomposition. Le legs des années Mitterrand n'est pas uniquement négatif : les socialistes ont une culture de gouvernement, des échecs mais aussi beaucoup d'acquis. Ils ont suffisamment flirté avec le libéralisme financier pour ne rien ignorer de la mondialisation.

Une morale intransigeante de l'exercice du pouvoir, des engagements sur l'Europe et les sept cent mille emplois qui auront valeur de symbole : ces atouts vont forcer le scepticisme de l'opinion et, face à la droite en voie d'implosion programmatique, donner chair à l'alternance.

Lionel Jospin surgit comme une sorte d'héritier moral du mitterrandisme. Il a pris depuis longtemps ses distances avec le maître de la gestion paroxystique des crises sans attendre le crépuscule du vieil homme de pouvoir, il n'a pas ménagé ses critiques sur les choix du second septennat. Cet éloignement sera sa sauvegarde.

Son allure de pasteur suédois échappé d'un film d'Ingmar Bergman semble toujours certifier une authenticité du geste et du verbe. Ne parlant jamais trop haut, méfiant à l'égard de l'emphase et du lyrisme, toujours ferme dans l'expression, Lionel Jospin a une sorte de retenue naturelle, qui met en relief sa rigueur d'origine familiale. L'excès le hérisse. Des goûts petits-bourgeois, sans prétention, qui fleurent la juste récompense de l'effort quotidien. Les années 1990 lui auront permis de composer un personnage d'honnête homme, en quête « d'invention du possible », qui tranche avec le machiavélisme des années 1980 dont Jacques Chirac s'est voulu le paradoxal héritier.

Cette rectitude supposée, affichée, revendiquée, fera sa réputation. Elle donnera du crédit à une manière de gouverner, volontiers pragmatique, méfiante à l'égard des doctrines, engagée mais pédagogique, soucieuse de négociations préalables et de la recherche des consensus, mais déterminée sur la décision, et ne répugnant pas aux épreuves et aux crises si le besoin s'en fait sentir : la politique est affaire de rapports de force et il le sait.

Cette attitude, mise pour la première fois en pleine lumière au cours de la campagne présidentielle, s'est précisée face à Alain Juppé. Cela le sert et accentue le contraste avec la griffe cinglante du Premier ministre sortant, dont il fera, tout au long de la campagne, son principal adversaire. Il épargne Jacques Chirac pour ne pas nuire à la cohabitation et s'acharne sur Alain Juppé, même lorsque celui-ci erre de manière somnambulique à la télévision ou dans les meetings de la majorité.

Plus que son programme, c'est en effet son style qui va en faire le successeur d'Alain Juppé. Les électeurs reprochent au compagnon de Jacques Chirac son style exagérément élitiste. Les deux hommes ne se rencontrent pas, mais les électeurs voient leurs différences de manière emblématique. A choisir entre les deux, les électeurs privilégieront celui qui croit en la politique, aux dépens de celui qui n'y croit pas.

L'un des gestes les plus frappants de Lionel Jospin aura été justement l'épisode des sept cent mille emplois. Cette idée avait germé lors de la préparation des propositions économiques du Parti socialiste, alors que l'on ne parlait pas encore de dissolution. Elle ne suscitait pas un grand enthousiasme au sein du parti. Il s'agissait d'affirmer de manière concrète que la priorité de l'emploi était bien la sienne. Sans doute ces propositions auraient-elles été amendées, avant d'entrer en campagne. Lionel Jospin n'en a pas eu le temps. Il a choisi, d'emblée, de ne pas se dédire et d'assumer pleinement l'engagement des sept cent mille emplois. Au début de la campagne, cette proposition suscite des ricanements, des haussements de sourcils. Elle paraît antédiluvienne, même si en Grande-Bretagne Tony Blair s'engage de son côté à créer deux cent soixante-quinze mille emplois pour les jeunes. Lionel Jospin va marteler cette proposition, il va l'utiliser pour marquer sa détermination, jusqu'à en faire sa principale promesse – et son drapeau. A charge de se faire tuer plutôt que d'y renoncer.

La victoire des socialistes et de Lionel Jospin, est une revanche de la politique modeste sur la comptabilité élitiste. C'est celle aussi d'un « honnête homme » qui ne supporte pas, lui non plus, d'être sous-estimé, et qui prend sa chance, le mors aux dents pour remettre les compteurs à l'heure. Un frisson a traversé la campagne.

*

Jacques Chirac a raté son raid.

Et il n'a pas fini d'en subir les conséquences. Il disposait d'une majorité qu'il a ruinée. Il a dû accepter, la mort dans l'âme, le départ du fidèle Juppé de la présidence du RPR. La droite défaite, éclatée, éparpillée, va tenter de se recomposer, sans échéance majeure avant cinq ans. Les chocs d'ambitions ne se feront pas forcément contre lui, mais il cessera d'en être le centre, parce qu'il n'est plus le recours de la droite. Jacques Chirac n'est plus du tout assuré d'être le candidat à sa propre succession, comme il l'était avec Alain Juppé, en vigie à la tête du RPR. Le donjon chiraquien s'est effondré. Les infidèles du chiraquisme, tous ceux qu'il a voulu exclure du pouvoir, reviennent en force aux postes de commande de la nouvelle opposition. La déroute est totale.

La troisième cohabitation de la Ve République aura peu de rapports avec les précédentes. François Mitterrand avait pris chaque fois la précaution d'attendre l'échéance vers la fin de ses mandats. La cohabitation devenait alors le cadre d'une campagne présidentielle de deux ans. Elle s'achevait naturellement par un duel au sommet. Les institutions étaient chahutées, mais la fonction élyséenne n'était pas durablement handicapée.

Cette fois, la cohabitation succède à la présidentielle, au bout de deux ans seulement : les institutions sont frappées d'hémiplégie. En principe, la cohabitation peut aller jusqu'à son terme, c'est-à-dire jusqu'en février 2002, deux mois avant les présidentielles, si les calendriers constitutionnels sont respectés.

La présidence sort atrophiée de ce fiasco. Le chef de l'État est l'auteur direct de la défaite. Il ne règne plus sur l'opposition, et son autorité sur les institutions qu'il vient de malmener est elle-même fragilisée. Son ambition s'est réduite à guetter l'échec éventuel de Lionel Jospin et les crises qui pourraient en découler. Sinistre perspective.

Le Premier ministre peut calquer ses pas sur ceux de deux Premiers ministres qui ont connu une situation similaire. Son intérêt est de maintenir la fiction présidentielle, pour tirer tous les bénéfices de la situation, pour discipliner sa majorité, pour faire partager par le chef de l'État la responsabilité de certaines de ses difficultés. Mais la réalité du pouvoir a glissé vers Matignon. Jamais un Premier ministre, sous la Ve République, n'aura eu l'étendue des pouvoirs dont disposent aujourd'hui Lionel Jospin et sa majorité, pas même Edouard Balladur lorsque François Mitterrand, malade, achevait son mandat présidentiel entre orgueil et souffrances.

La dissolution décidée par Jacques Chirac prélude au crépuscule de la Ve République sous la forme que nous lui connaissons, avec un président disposant de tous les pouvoirs, dès lors qu'il parvient à aligner la majorité parlementaire et la majorité présidentielle. Avec cette dissolution à contretemps, le système a atteint son point de non-retour. Jacques Chirac l'a mis sens dessus dessous. Pour sortir de ce carambolage, il faudra inévitablement réformer la Constitution. Le chef de l'Etat pourrait mettre sa présidence au service de cette ambition. Cela impliquerait de sa part de prendre le risque de réduire son propre mandat. Il est intervenu le 14 juillet, un mois et demi après la victoire socialiste, pour dénoncer à mi-mot le complot de tous ceux qui lui conseillaient de s'engager sur cette voie pour se débarrasser de lui.

Jacques Chirac n'en a pas fini avec ses démons.

Il redoutait de se retrouver seul face au pouvoir. Il poursuivait de son intransigeance tous ceux qui lui avaient été infidèles. Il est plus seul qu'il ne l'a jamais été. Il a perdu sa garde rapprochée et toutes ses guerres. Jacques Chirac est toujours président de la République. Il a raté la dissolution de l'Assemblée nationale, mais a réussi une autodissolution présidentielle à peu près parfaite.

Serge JULY

Introduction

Contrairement à ce qu'un cliché laisse entendre, à jeter une lumière crue sur les acteurs et leurs intrigues, on n'éclaire pas seulement les combinaisons et les coups bas. On donne la vraie mesure de ce qu'est le combat politique en France, une mesure particulière qui tient à la singularité de ce pays au civisme paradoxal, mais bien vivant. D'où la valeur de ce livre.

Démystifier : officiellement, Jacques Chirac veut un nouveau mandat pour mener les réformes qu'il projette et pour préparer mieux la France aux échéances européennes. Les minutes de la conception de l'« opération dissolution » démontrent surtout que le pouvoir élyséen, qui affectait une sérénité pilhanesque, soigneusement étudiée, se débattait dans la noire panique. Ancien lieutenant des djebels, Jacques Chirac se laisse convaincre par Villepin, cavalier péremptoire, et Juppé, trop droit dans ses bottes, qu'il faut sonner la charge. Colonel d'empire autant que grand dadais rad-soc, Chirac est coutumier de ces assauts inopinés sabre au clair.

Il leur doit sa carrière, qu'il s'agisse de la mise à mort de Chaban, de la prise de l'UDR, de l'enlèvement de la mairie de Paris ou de la chevauchée don-quichottesque contre la « fracture sociale » qui lui permit d'abattre Balladur. Voici donc le dernier coup de cet homme de coups, qu'un quarteron de stratèges trop sûrs d'eux va élaborer, lancer, conduire et rater avec une magistrale énergie. Prologue de la course hilarant et sarcastique où les puissants de l'heure creusent leur tombe frénétiquement au son des tambours de marche.

Arrive Jospin, quelque peu empêtré dans les mouvements sociaux, affligé d'un programme bancal, englué dans son propre calendrier. Joueur d'échecs méthodique et teigneux, le premier secrétaire du PS qui patinait voit soudain son adversaire lui offrir sa reine sans protection au milieu d'une partie indécise. L'éclat de rire intérieur qu'il a dû en ressentir éclaire sa campagne, tout entière portée par cette divine surprise. En voulant changer la donne, Villepin et sa bande lui ont donné tous les atouts. Il les joue avec sang-froid, autorité, talent même. Cette histoire secrète révèle un Jospin métamorphosé par son rôle au premier rang, qui lui permet de survoler le premier tour, d'empocher le second, de placer sur les rails un gouvernement bien accueilli et de faire taire dans cette équipe disparate dissensions et ambitions. En face, les cavaliers tombés à terre sont piétinés par la charge de leurs rivaux du même camp. Chirac perd tout, sauf son fauteuil, désormais en équilibre instable. Juppé tombe à la trappe et les couteaux s'abattent sur les victimes dans des fossés obscurs.

On dira qu'il s'agit d'histoire anecdotique, fondée sur les scènes de genre et les petites phrases. On aura grand tort. Très souvent en politique, et même dans l'Histoire, ce sont les petites phrases qui en disent le plus long. « L'Etat, c'est moi », « Qu'y a-t-il dans la constitution ? – Il y a Bonaparte », ou encore « Je fais la guerre », de Clemenceau, décrivent mieux l'organisation d'un pouvoir que les plus pesants traités de science politique. Rapporter les épigrammes, les formules, les maximes que produisent à jet continu les acteurs du jeu français, qui gardent ce talent littéraire qui fait la marque de fabrique de la classe politique française (même s'il s'étiole un peu après de Gaulle, Giscard ou Mitterrand), c'est donner au lecteur, sous une forme lapidaire, les clés de la situation, bien mieux que par l'analyse. S'asseoir à la table du Conseil des ministres, au comité directeur d'un parti ou dans un restaurant discret de la rive gauche propice aux confidences, ce n'est pas seulement mettre en scène un récit pour le rendre vivant. C'est pénétrer au cœur du drame pour le comprendre. Vive l'anecdote !

Mais on aurait tort de réduire cette histoire secrète à une intrigue à rebondissements, entre Shakespeare et Feydeau. Nous sommes en France : la politique au prestige écorné n'a pas encore perdu toute sa magie. Ce peuple est sans doute le plus agnostique des grandes démocraties ; à l'heure de l'Europe, il n'est guère nationaliste, sauf sous les traits grimaçants de l'intolérance fascisante. Bien moins, par exemple, que les Anglais, souvent raidis dans le respect de la Couronne et du « Splendide isolement », ou les Américains, toujours prêts à agiter la bannière étoilée ; il ne croit pas non plus aux milliardaires, ces paladins pour temps nouveaux que le monde anglo-saxon a placés au pinacle libéral : il n'y a pas de Bill Gates en France. Ainsi pour donner à cette société ses symboles communs, pour lui donner des leaders à suivre ou à combattre, des discours à croire ou à détester, bref, un cadre de référence qui maintienne la cohésion du groupe, il ne reste, encore et toujours, que la politique. Depuis la Révolution française, et même avant, la France est droguée de politique. On s'en est plaint souvent : là aussi, on a tort. Cette drogue la fait avancer.

C'est parce qu'en dépit du cynisme des acteurs, elle garde sa part de noblesse. Alors on voit Séguin enrager, pas seulement parce qu'on le tient en lisière, mais parce que ses idées, qui ont fait gagner Chirac, sont méprisées par la bande à Juppé. On voit Chirac se saisir des enjeux européens et risquer tout son pouvoir sur une manœuvre, non seulement pour sauver Juppé et son propre confort, mais aussi pour se donner les mains libres dans les ultimes négociations de l'avant-Maastricht. On voit Jospin étudier silencieusement sa stratégie personnelle, celle de l'« honnête Lionel », un peu comme Lincoln était l'« honest Abe », mais aussi promouvoir une conception de la politique qui soit moins cynique, moins dénuée de tout principe. Et cette histoire d'ambition, avec un peu de Nietzsche et beaucoup de Talleyrand, porte finalement une salutaire leçon. C'est pour avoir trop menti que Chirac s'est pris les pieds dans le tapis. C'est pour avoir annoncé ses intentions, tranquillement aligné ses arguments et candidement déroulé sa stratégie au grand jour, que Jospin a remporté la course. La dissolution, magnifique ratage, marquera peut-être un nouveau tournant dans la longue histoire de la lutte pour le pouvoir en France. Elle était peut-être le dernier acte d'une certaine conception de la politique qui a tant marqué les années 80, à l'ombre d'un Mitterrand trop habile dont la maestria fascinait trop ses rivaux. Ils ont cru égaler le maître en ramassant ses armes tombées à terre pour tuer ses héritiers. Ils n'ont réussi qu'à les mettre au pouvoir. Cette histoire secrète et cynique a donc une morale. C'est le propre des bons romans.

Laurent Joffrin

1

Casse-tête à l'Elysée

Fin 1996. La révolte gronde. Le Président ne sait que faire, sauf garder Juppé. Remanier ne le convainc guère. Dans son palais, un mot lui revient de plus en plus aux oreilles : dissoudre.

Dépression atmosphérique. Dépression tout court. Rien de plus triste que la solitude d'un curiste. C'est pire encore quand la pluie s'en mêle. Et voilà qu'il crachouille sur Eugénie-les-Bains, station thermale des Landes. Depuis le 20 décembre, Jacques Chirac a pris ses quartiers d'hiver dans l'un des sept appartements du relais château de Michel Guérard, l'inventeur de la cuisine minceur, trois étoiles au Michelin. Salade baroque aux crevettes grillées, turbot au lard, caneton à la broche et au jus d'orange. Lui craque pour la dorade cuite sur un lit de champignons, d'oignons et de tomates, mais, devant sa bière, dans cette salle à manger où il descend prendre ses repas en tête à tête avec Bernadette, son épouse, il rêve au Japon où il aurait voulu s'évader. Impossible, vu ses fonctions. Paroles feutrées, saluts discrets. L'établissement est resté ouvert au public pour les fêtes de fin d'année. Et les sorties du Président se réduisent à des visites à la ferme thermale. En catimini, pour éviter les rencontres. Le reste du temps, il s'enferme, jusqu'au 29.

Il téléphone, encore, toujours à Alain Juppé qui passe ses vacances au Maroc, à la Gazelle d'or, à Taroudant. Là aussi, il pleut. Le chef de l'Etat est un habitué de cet établissement. Il connaît son chef cuistot. Alors il l'appelle : « Alain doit grossir, alors voilà les menus que vous allez lui faire : tagines, couscous. » Il prend soin de son poulain. Et gamberge. A ses vœux aux Français du 31 décembre, aux difficultés qui s'annoncent, aux corporatismes qui bloquent tout. A la dissolution. « Ce n'est encore qu'une hypothèse. » Une phrase qu'il répétera jusqu'au 20 avril, veille de l'annonce de la dissolution de l'Assemblée nationale, alors qu'il est en train de relire le texte de son intervention télévisée.

L'idée n'est pas neuve. Avant, pendant, après l'élection présidentielle, Chirac l'a rejetée catégoriquement. Mais elle revient à intervalles réguliers. « C'est une arme constitutionnelle dont le président de la République ne peut pas user pour convenances personnelles, mais seulement pour résoudre des crises graves », répète-t-il encore le 14 juillet 1996. D'autres y pensent toujours. Le 1er août, Chirac invite Edouard Balladur à déjeuner à l'Elysée. Retrouvailles courtoises. « Vous devriez disoudre. Vous auriez ensuite cinq ans de tranquillité pour travailler », lui conseille le député du XVe arrondissement de Paris. « Ah, vous croyez ? », répond-il avant d'aller prendre ses quartiers d'été au fort de Brégançon (Var), avant une rentrée qu'il sait difficile.

Le 26 septembre, le vent de fronde contre Alain Juppé, qui agite la majorité, se transforme en bourrasque lors des journées parlementaires du RPR, au Havre. Coup de gueule de Chirac. Dans lc bureau de Dominique de Villepin, le secrétaire général de l'Elysée, il prend au téléphone Michel Péricard, le président du groupe RPR. Il réclame que « cessent les attaques contre Juppé », dramatise, exige, en vain, une suspension des travaux, agite la menace d'une dissolution si « les députés n'entendent pas raison ». Il est d'autant plus agacé qu'il craint un coup de blues de son Premier ministre, qui a émis des doutes sur ses capacités à pouvoir rester à Matignon.

Dans la majorité, le climat est tel, à la veille du débat budgétaire, que le 1er octobre, François Léotard invite ses troupes à se tenir prêtes pour des législatives anticipées. « Chirac est dans une logique disciplinaire ; il souhaite que cessent les critiques. La dissolution le permettrait », confie Frédéric de Saint-Sernin, encore député de Dordogne. Délégué aux élections au RPR et « monsieur sondage » du Président, il est en service commandé et joue les porte-flingue dans les couloirs de l'Assemblée. Dominique de Villepin, proche d'Alain Juppé, dont il a été le directeur de cabinet au Quai d'Orsay, n'est pas le dernier à agiter cette menace. Que la majorité rechigne, doute de son Premier ministre ? Il a sa réponse prête : « On n'a qu'à faire une dissolution. » Ça en devient presque un leitmotiv, alors que de plus en plus de voix s'élèvent pour réclamer le départ de Juppé et une « autre politique ». Rien ne va. La reprise tarde, le chômage grimpe, les restructurations tardent, la réforme fiscale se transforme en « fiasco de communication ».

La grogne taraude aussi Claude et Bernadette Chirac, laquelle lâche à un visiteur en ce début d'automne : « Nous devons nous débarrasser de Juppé. » Jacques Pilhan, le conseiller en image du chef de l'Etat après avoir été celui de François Mitterrand, se charge du message. Le 15 octobre, comme tous les mardis, il vient prodiguer ses conseils au Premier ministre : « Si votre image ne s'améliore pas, il faudra penser à autre chose. » Alain Juppé en est tellement soufflé qu'il passe aussi sec dans le bureau de Maurice Gourdault-Montagne, son directeur de cabinet, pour lui répéter ce qu'il vient d'entendre. Deux jours plus tard, comme tous les jeudis, Pilhan est à l'Elysée. Dans le bureau de Jacques Chirac, devant Dominique de Villepin, il remonte au créneau, explique au Président que sa cote et celle du Premier ministre ne sont plus découplées depuis deux-trois mois, qu'un divorce s'impose, même si le mot n'est pas prononcé. Refus de Chirac. Au-delà des liens de confiance qui l'unissent au maire de Bordeaux, il ne sait pas qui pourrait remplacer Juppé à Matignon pour prendre des mesures impopulaires.

En fait, depuis l'été 1996, deux stratégies s'affrontent à l'Elysée. Dominique de Villepin, qui déroule les échéances politiques, budgétaires et financières avec son alter ego de Matignon, Maurice Gourdault-Montagne, s'inquiète du rythme des réformes, de la détermination politique de la droite à les mener. « On se protège en s'exposant », aime répéter ce sabreur, adepte de la guerre de mouvement. Pour lui, aucun doute : pour sortir du marasme, il est nécessaire de dramatiser les enjeux, de les expliquer afin de faire partager à l'opinion la gravité de la situation. Et le seul qui puisse le faire, dans cette dyarchie représentée par le couple Juppé-Chirac, c'est le chef de l'Etat. Qu'il s'y refuse, et il laisse le Premier ministre s'épuiser, prendre tous les coups.

Jacques Pilhan, chargé par Jacques Chirac de coordonner la communication du gouvernement – il s'occupe de celles d'Alain Juppé, de Jean Arthuis, ministre de l'Economie depuis l'éviction d'Alain Madelin, et garde un œil sur d'autres ministres, ce qui est rentable pour les affaires de sa société, Temps publics –, en tient, lui, pour sa théorie de la rareté, mise au point sous Mitterrand. Pour se protéger de l'impopularité d'Alain Juppé, le Président doit raréfier au maximum ses apparitions, se faire désirer.

Chirac balance. Il penche d'abord vers Pilhan,

qui a le soutien de sa fille Claude. Puis, en novembre, après avoir repoussé l'idée d'un remaniement visant surtout à renvoyer dans ses quartiers Jean Arthuis, de plus en plus de voix demandent qu'il intervienne. Le 27 octobre, François Léotard lance un pavé dans la mare. Invité de « 7 sur 7 » sur TF1, il explique : « Je sais que le Président réfléchit à des réponses à apporter à ce qui est une crise (...). Il a trois boutons, trois décisions possibles : la dissolution, le remaniement, le référendum. Je souhaite qu'il appuie sur l'un de ces trois boutons dans les trois ou quatre mois qui viennent. » Matignon, en réponse, lâche ses ténors. Mais Léotard est dans le vrai. Jacques Chirac, Alain Juppé, Dominique de Villepin évoquent bien ces trois scénarios au cours de plusieurs réunions. Encore faut-il « purger » la situation, comme observe un conseiller de l'Elysée. Après cinq mois de silence télé, Pilhan est chargé d'organiser l'émission du 12 décembre où Chirac dénonce sur TF1 les « conservatismes » qui entravent son action et réaffirme sa confiance au Premier ministre.

Dès le lendemain, le débat reprend. Dominique de Villepin revient à la charge, explique au chef de l'Etat qu'il faut continuer d'appuyer sur l'accélérateur, ne pas rester inerte s'il veut garder Juppé. Il insiste sur les avantages d'élections anticipées. Le maire de Bordeaux, réticent, s'interroge sur le risque qu'une telle opération ferait courir au chef de l'Etat. Sa préférence va à un nouveau gouvernement pour la mi-janvier. Chirac n'y est pas opposé, à condition qu'il accompagne une remontée dans les sondages, sinon ce sera un coup d'épée dans l'eau, lui souffle Pilhan. Le secrétaire général, lui, joue les monsieur plus : il pousse à un remaniement « d'union », « de combat », avec tous les poids lourds de la majorité : Balladur, Barre, Veil et même Séguin. Et se charge de prendre des contacts avec les entourages pour que l'idée fasse son chemin.

De son côté, Alain Juppé s'active à la rédaction de son best-seller, *Entre nous,* et multiplie les rencontres. Avec François Léotard, avec lequel il évoque plusieurs possibilités ministérielles, ou Nicolas Sarkozy : « Juppé était pour un remaniement au début de l'année. Il m'a dit : Je veux travailler avec toi. J'ai besoin de toi. J'ai écouté. Il ne m'a pas fait vraiment de promesses, mais ce n'était pas pour me mettre aux choux farcis. C'était Bercy pour moi et Léotard au Quai. A l'époque, il m'a confié qu'il ne supportait plus Arthuis, que c'était un nul. En fait, lui et Chirac n'étaient fascinés que par une chose : le calme dans la majorité », raconte l'ancien porte-parole d'Edouard Balladur, toujours aussi peu en odeur de sainteté à l'Elysée.

A la mi-décembre, le remaniement tenait la corde. Au retour de la cure de Jacques Chirac à Eugénie-les-Bains, il a pris l'eau. « A force d'être évoqué, il est devenu virtuel et a pris le pas sur la réalité. En aucun cas, la simple arrivée de Sarkozy et de Léotard n'aurait provoqué un choc dans l'opinion », observe un proche du chef de l'Etat.

Début janvier, lors de la cérémonie des vœux à la presse, Dominique de Villepin explique à qui veut l'entendre qu'une élection se gagne « non sur un bilan, mais sur un élan ». Quasi le futur slogan de la campagne. Pas en reste, il ajoute : « Cette année, vous n'allez pas vous ennuyer. » Le secrétaire général semble s'être fait sa religion. Est-ce celle du Premier ministre ?

2

Juppé III au panier

En février, Juppé commande une note sur l'état de l'opinion. Dans ce texte, on peut lire, entre autres : « La campagne présidentielle a été gagnée sur une illusion. L'absence de dissolution ne l'a pas levée. (...) L'illusion a été maintenue jusqu'à l'automne 1995 : la longueur du discours a obéré la plausibilité du virage opéré trop tard pour être vraiment crédible... »

Soupesée, testée, l'hypothèse de la dissolution – « si c'est jouable, c'est génial », s'extasie Jacques Pilhan – commence à prendre chair dans le premier cercle de la chiraquie. Début janvier, Dominique de Villepin et Maurice Gourdault-Montagne planchent sur le compte à rebours de l'année 1997. Ils dressent la liste des projets de loi en attente ainsi que des contraintes budgétaires et financières à prendre en compte à l'horizon des législatives et de la mise en place de l'euro, dont les échéances se télescopent au printemps 1998. Le constat est vite dressé : ça sera dur. « Il ne s'agissait pas d'en faire plus, mais de confirmer, voire d'amplifier certaines réformes, alors qu'au même moment on risquait d'être confronté à une quasi-paralysie du gouvernement, à une majorité gagnée par le spleen et, sur le plan économique, à une quasi-léthargie qui aurait mis en cause la reprise de la croissance », remarque un des visiteurs du dimanche soir à l'Elysée. Jacques Chirac partage cette opinion. Il a une obsession : la nécessité, pour le pays, d'être en position de force lors du rendez-vous de l'euro. Et une crainte : une rentrée sociale particulièrement agitée à l'automne 1997 : « Pour atteindre la barre des 3 % [de déficit, ndlr], il était conscient qu'il faudrait demander de gros efforts aux Français. »

Les cérémonies des vœux bouclées, le chef de l'Etat décide de passer à la phase expérimentale et de tester l'idée de la dissolution auprès de quelques-uns. Il reçoit François Léotard. Stupeur du président de l'UDF. Il pense que Chirac va lui parler d'un prochain remaniement. Pas un mot. Le voilà interrogé sur le climat politique, la mise en place de l'euro. Et, pour finir, la dissolution. Elle ne rebute pas l'homme qui avait expliqué, à l'automne, que le Président disposait de « trois boutons » institutionnels, dont celui-là. Le test est positif. D'autres suivent. A chaque fois, c'est le même manège : à la fin de l'entretien en tête à tête, Chirac passe dans le bureau de Villepin donner le résultat des courses.

Dissoudre serait un sacré pari. Cela donne quelques sueurs froides à Juppé, tout juste auréolé du succès de librairie de son plaidoyer *pro domo, Entre nous.* Maintenant qu'il remonte un peu dans les sondages, brusquer le calendrier électoral ne l'effraierait pas si cela suivait la mise en place d'un nouveau gouvernement destiné à ressouder la majorité, avec l'entrée de balladuriens de choc. Sur ce point, il est en phase avec Pilhan, le conseiller image du Président. Mais Chirac n'est pas persuadé du bien-fondé de l'opération. Villepin non plus.

Le maire de Bordeaux commande une note à Daniel Bouton, son ancien directeur de cabinet au Budget entre 1986 et 1988. Le numéro 2 de la Société générale se met aussitôt à la tâche. Daté du 6 février, le texte, qui sera aussitôt remis au chef de l'Etat, est carré, prémonitoire. « Malgré l'amélioration récente, le Premier ministre reste anormalement impopulaire. Ce n'est sûrement pas un problème de communication, c'est un problème de positionnement stratégique. 1) La campagne présidentielle a été gagnée sur une illusion. L'absence de dissolution ne l'a pas levée. 2) L'illusion a été maintenue jusqu'à l'automne 1995 : la longueur du discours a obéré la plausibilité du virage opéré : trop tard pour être vraiment crédible. 3) Nul ne peut se sentir mobilisé autour du discours maastrichtien : un ratio de dette ou de déficit ne peut faire rêver. 4) Sérieusement entamée par les grèves de l'automne 1995, la crédibilité du gouvernement a été décimée par les reculades successives [...]. 5) Sur la pente actuelle, une victoire du PS en 1998, accompagnée d'un très fort score du FN, est possible. En effet, la ligne stratégique incarnée dans le discours Maastricht + avantages acquis + réformes a peu de chances de l'emporter par rapport au discours PS : Maastricht corrigé + avantages acquis + supplément d'illusion et de sécurité. En un mot, la fracture sociale passe entre le peuple et les élites, et non entre les exclus et le reste du peuple. Si cette analyse est exacte, la solution est politique et institutionnelle ; elle n'est pas dans la communication. [...] En un mot, il ne reste plus que quatorze mois pour convaincre les électeurs que c'est dans la voie du changement maîtrisé que s'incarne l'avenir et non dans la poursuite des illusions. »

Le dimanche 9 février, Juppé, Gourdault-Montagne et Villepin se retrouvent à 18 h 30 dans le bureau du chef de l'Etat. Le Premier ministre justifie, une fois de plus, la nécessité d'un remaniement. La situation à Bercy, explique-t-il, ne peut plus durer. Arthuis a perdu toute crédibilité ; il ne contrôle pas ses dossiers, se plante dans le secteur bancaire ou la privatisation de Thomson, est incapable de mettre en œuvre la moindre réforme de structure. Pour le remplacer, il avance le nom de Nicolas Sarkozy et propose le maintien d'Alain Lamassoure au Budget, mais sans le poste de porte-parole du gouvernement, qu'il confierait à Pierre Lellouche, député RPR du Val-d'Oise. Juppé a en poche la liste de son futur gouvernement. Il la sort : Alain Madelin aux « Industries de la communication », Jean-François Mancel au Tourisme, Anne-

Marie Couderc à l'Emploi, Eric Raoult à la Recherche... Il pose la question de Léotard aux Affaires étrangères, du maintien de Frank Borotra à l'Industrie. Chirac écoute. Tique, comme Villepin, sur Sarkozy. L'ancien porte-parole d'Edouard Balladur restera aux enfers auxquels l'a voué Bernadette Chirac. Pour semer la zizanie dans le camp balladurien, le chef de l'Etat préférerait voir Lamassoure à Bercy et, pour le remplacer au Budget, Philippe Auberger, député RPR de l'Yonne. Madelin, il le verrait plutôt à la tête de l'Industrie, du Commerce extérieur et de la Recherche. Hervé Gaymard, « bébé Chirac », deviendrait porte-parole. Reste le cas Léotard. Villepin et Gourdault-Montagne sont du même avis : pour avoir « une portée réelle et définitive », le remaniement doit comprendre le président de l'UDF. Au Quai d'Orsay ? Il faut alors recaser Hervé de Charette, lâche le chef de l'Etat, qui craint des rétorsions giscardiennes.

De la cuisine. Le couple exécutif finit-il par la trouver trop fade, au regard des difficultés économiques et politiques, avec la montée du FN, qui conquiert la mairie de Vitrolles le 9 février ? Toujours est-il qu'il abandonne vite l'hypothèse. « Jacques Chirac n'a jamais refusé un remaniement à Juppé. Il n'y a jamais eu entre eux de bras de fer. Juppé s'est autoconvaincu qu'un nouveau gouvernement ne provoquerait pas un choc dans l'opinion », remarque un conseiller de l'Elysée.

Le Premier ministre n'a pas eu à se forcer

beaucoup. Depuis la mi-janvier, il tient table ouverte à Matignon. Petits et grands patrons, banquiers défilent. Avec un même discours. Une même crainte : l'année risque d'être « foutue » à cause de la campagne électorale, alors que les indicateurs passent au vert. Tous demandent « un coup de fouet ». Juppé écoute, approuve. A l'Elysée, les échos sont identiques. Les amis chefs d'entreprise du Président, François Pinault (Printemps, la Redoute) et Jacques Friedman (UAP), les incontournables, Jean Gandois (président du CNPF) et Jean-Marie Messier (Générale des eaux), font le forcing.

« La France est limite dépôt de bilan. Pour l'euro, il faut prendre des mesures drastiques », assure Pinault. « Je ne crois pas qu'il y ait eu un seul avis contraire », raconte un P-DG familier de l'Elysée. De son côté, Ambroise Roux, président de l'Association française des entreprises privées (Afep), excédé de voir échouer son lobbying pour revoir le plafond de l'impôt sur la fortune, se dit : « On ne peut rien faire avec Juppé. Si on dissout, au moins, après, il n'aura plus l'excuse électorale pour ne pas prendre cette mesure. » Maniaque des sondages, Roux en commande un, à la mi-février, à son ami Jérôme Jaffré, vice-président de la Sofres, sur d'éventuelles élections anticipées. Les conclusions le comblent : la victoire de la droite est possible, et avec 3 points de plus si Séguin remplace Juppé. Seul bémol : le pouvoir doit montrer que ce n'est pas une dissolution de convenance. Tout heureux, Roux en fait part à ses pairs de l'Afep et charge Jean-Pierre Denis, secrétaire général adjoint de l'Elysée, de communiquer le sondage à Chirac. Quelques jours plus tard, Juppé lui en demande copie à son tour.

3

Le cercle des zélateurs

Début mars. Le Président convoque, un à un, ses amis dans son bureau. Des élections anticipées ? Tous approuvent la bonne idée. Seuls Pons, Séguin et Mazeaud flairent l'erreur stratégique.

Jacques Chirac aime ces dimanches après-midi où, détendu, il peut recevoir, à l'heure des premiers retours de week-end. La dissolution est d'abord une affaire d'intime conviction. La sienne n'est pas encore faite. Il hésite, craint de se voir reprocher le côté plébiscitaire d'une telle opération.

Alain Juppé, lui, est pressé. Il se plaint à plusieurs de ses proches de ce que le Président temporise. La fenêtre est étroite pour organiser des législatives avant les départs en vacances. Il juge donc utile d'accélérer le mouvement, tout en étant conscient des risques qu'encourt le chef de l'Etat. « C'est votre décision, mais c'est maintenant qu'il faut se poser la question », lui explique-t-il trois week-ends de suite. Il continue d'égrener les perspectives pour 1997-1998 : risque d'attentisme,

« alors que la volonté réformatrice est notre premier atout » ; des résultats économiques « problématiques » – « nous ne tiendrons pas sur les 3 % », martèle-t-il, en soulignant la contradiction entre les critères de convergence pour l'euro et la nécessité d'ouvrir les vannes électorales. Il passe aussi en revue des raisons plus politiciennes : les tensions dans la majorité, « l'exploitation programmée des affaires ». Le programme socialiste est mal perçu ; ses candidats, peu connus, soutient-il encore. Il insiste, enfin, sur le fait qu'au lendemain du vote de la loi Debré sur l'immigration clandestine il faut prendre de vitesse le FN.

Chirac écoute. Et finit par donner le feu vert à Juppé pour qu'il tâte le terrain dans la plus grande discrétion. Lui-même reçoit, le dimanche 2 mars, Jean-Louis Debré. « Qu'est-ce que tu penses d'une dissolution ? » – « J'y suis favorable », répond le ministre de l'Intérieur. Prudent, il ajoute qu'il est difficile de connaître le nombre de triangulaires qu'imposera le FN. Un mois plus tard, rebelote. Le 2 avril, dans l'avion qui le ramène de Prague avec Bernadette, le chef de l'Etat reprend son interrogation devant Debré et Toubon. Le garde des Sceaux est pour. Son homologue de l'Intérieur observe qu'il y a plusieurs circonscriptions qui se joueront à quelques voix, mais que les sondages donnent toujours 80 à 90 sièges d'avance à la droite.

Début mars, François Fillon, l'un des principaux lieutenants de Philippe Séguin, est reçu par Alain

Juppé. Le ministre des Postes et Télécommunications a demandé un rendez-vous au Premier ministre pour évoquer le plan multimédia. En cinq minutes, le sujet est évacué. Et le Premier ministre lui présente « d'une manière équilibrée » les arguments pour ou contre des élections anticipées. « J'ai été surpris. Je lui ai dit que je trouvais que le gouvernement était en roue libre, qu'il n'avait plus de champ pour agir et que c'était dommage de perdre du temps. » Bernard Pons, ministre des Transports, est, lui, à fond contre. Il a demandé un rendez-vous à Juppé pour « régler un problème technique ». C'est vite réglé. « Peut-on, maintenant, parler un peu politique ? », poursuit Juppé. Suit la question rituelle. Pons : « Tout le monde est mécontent. Ça apparaîtra comme une dissolution manipulatoire et, ensuite, vous verrez tous les mécontentements se cristalliser contre vous. » Juppé : « Alors vous êtes contre ? » Pons : « Oui. » Juppé : « Que penseriez-vous d'un changement de gouvernement ? » Pons : « Vous allez faire quatre ou cinq ingrats et cinquante aigris, et vous ne réglerez aucun problème. » Deux semaines plus tard, le ministre des Transports retourne à Matignon. Juppé revient à la charge. « Je vous ai dit ce que j'en pensais et je n'ai pas changé d'avis. Je suis toujours contre. Et mes raisons restent toujours valables. » Juppé : « Ah bon, très bien. »

Le mardi 25 mars, René Monory, président du Sénat, est invité à déjeuner à l'Elysée. C'est un habitué. Il répète ce qu'il ne cesse d'affirmer au chef de l'Etat depuis huit mois : la majorité est en passe de perdre les législatives de 1998. Chirac, très déprimé par l'avis de Monory, se borne à répéter : « Qu'est-ce qu'on peut faire ? » Le 1er avril, changement d'humeur. « Passez me voir », dit-il au sénateur de la Vienne, à qui il lâche : « Qu'est-ce que vous penseriez d'une dissolution ? » Monory : « C'est une décision trop grave pour que je vous la recommande. Mais, si vous l'annoncez, je vous soutiendrai. » A la sortie, Villepin raccompagne le président du Sénat : « Alors, alors ? Vous êtes pour ? »

Sitôt rentré, Monory informe Claude Goasguen, secrétaire général de l'UDF, un prochiraquien : « Faut se préparer. » Et il fonce chez Philippe Séguin, à l'Hôtel de Lassay. La nouvelle ne surprend pas le député-maire d'Epinal, déjà mis au parfum par Chirac. Il n'est pas pour et l'a fait savoir, assure-t-il à ses proches. Ses raisons : les risques sont trop grands pour le chef de l'Etat, les motifs peu clairs, la majorité pas prête et sans thème de campagne.

A Matignon, ce 25 mars, le Premier ministre a convoqué à sa table, pour la seconde semaine d'affilée, ce qu'il appelle sa « garde rapprochée ». Au dessert, le Premier ministre avance l'hypothèse de la dissolution. Enchantement des convives. Seul Patrick Stefanini, bras droit de Juppé au RPR, ne dit pas grand-chose. La rumeur, « attribuée à Villepin », lui est revenue aux oreilles dès la fin février, mais il n'y a pas trop prêté attention, fort d'une certitude : « Quand on a une majorité de 460 sièges, on ne dissout pas. »

Le mercredi 26 mars, Frédéric de Saint-Sernin, l'un des convives du Premier ministre, député de la Dordogne et expert électoral du RPR, débarque dans le bureau de Villepin, juste après le Conseil des ministres. Le secrétaire général : « Alors, toi aussi, t'es pour ? T'as des arguments ? » Saint-Sernin argumente, observe que l'embellie dans les sondages est avant tout ponctuelle, que la cote du gouvernement est mauvaise, qu'il faut voir comment l'opinion peut appréhender le choc d'une dissolution. Tous deux décident de commander, dans le plus grand secret, un sondage à CSA. Dans le bureau voisin, Jacques Chirac, entouré notamment d'Alain Juppé, de Maurice Gourdault-Montagne et de Maurice Ulrich, passe une fois de plus en revue les avantages et les inconvénients d'une telle décision. Aux dires d'un des participants, le chef de l'Etat semble « le moins enthousiaste » : « Il ne voyait pas comment l'expliquer. »

Dans l'après-midi, le député de la Dordogne trouve Stéphane Rozès, le directeur des études politiques de l'institut CSA, dans un colloque sur les « clés des futures législatives : l'Europe » ; il lui fait jurer silence et lui commande une enquête qualitative sur l'hypothèse d'une dissolution. Le sondage est réalisé dès le vendredi 28 mars. Et son résultat est plutôt alarmiste. Le panel indique que les Français ne comprennent pas une telle décision, « tout à fait déstabilisante ». Parmi les arguments pour la justifier, c'est l'euro qui marche le mieux, et encore. « Mieux vaudrait éviter », conclut l'institut. Ce qui suscite un certain trouble dans le landerneau élyséen. Seul point positif : à la question de savoir si le président de la République devait démissionner en cas de défaite, trois sondés sur quatre répondent non. Dans la foulée, Saint-Sernin passe commande d'un quantitatif, qui donne une majorité de 80 à 100 sièges à la droite. Il confirme, en partie, les sondages réalisés par la Sofres pour le RPR.

Le 26 mars, le chef de l'Etat invite à dîner à l'Elysée Alain Madelin, le président d'Idées-Action, et le met dans la confidence. Sa décision est prise. Moins d'une semaine plus tard et alors que la rumeur commence à courir sur la dissolution, l'éphémère ministre de l'Economie, bien briefé, déclare sur RTL : « La période qui va s'ouvrir est, en quelque sorte, la deuxième partie du septennat de Jacques Chirac. Pour ma part, à 1 000 jours de l'an 2000, je pars en campagne de mobilisation pour que la France aborde gagnante ce nouveau millénaire. »

Les balladuriens, qu'ils soient au RPR ou à l'UDF, jouent les dernières roues du carrosse. Par politesse, ils sont quand même prévenus. Mais au dernier moment. Nicolas Sarkozy, ancien porte-parole d'Edouard Balladur, a un peu plus de chance. Le 1er avril, un émissaire de l'Elysée vient le voir à la mairie de Neuilly : « Nicolas, le Président va dissoudre. Tout sera réglé avant quinze jours. Il veut que vous sachiez qu'il y aura un nouveau gouvernement et que vous en ferez partie. » Les promesses n'engagent que ceux qui y croient. Et le maire de Neuilly pense, cette fois, qu'il refait partie de la famille. Le 8 avril, il partage le couvert avec le Premier ministre. Sarkozy, méfiant : « Est-ce que la France sera dans les critères de Maastricht ? Selon ta réponse, je saurai si on peut se parler franchement. » Juppé : « Tu sais bien que non. » Le 10 avril, le Premier ministre discute avec François Bayrou. Le ministre de l'Education, qui plaide pour un remaniement, est contre la dissolution. « Vous ne pouvez pas. Il y a un risque de perdre et, si on perd, la fonction présidentielle sera amoindrie », affirme-t-il en croyant, à la fin de son tête-à-tête, avoir « convaincu » Juppé. Le 15 avril, Bayrou invite Pilhan au ministère. Brutal, le conseiller en communication déclare : « On sait que tu es contre, mais ça va avoir lieu. »

L'Elysée est pris de réunionnite aiguë. La rumeur est devenue une vague. L'entourage du Président tente de faire retomber la pression. Le 16 avril, un communiqué ubuesque précise : « Une dissolution est sans fondement », mais « le Président dispose d'un certain délai de réflexion ». Poli, le chef de l'Etat appelle les derniers grognards du gaullisme. A midi, après le Conseil des ministres, Pierre Mazeaud vient le voir : « Jacques, tu ne vas pas dissoudre ? » Chirac : « Pourquoi, Pierre ? »

– « C'est contraire à l'esprit même de la Constitution.

– Tu as raison sur le plan institutionnel, mais il y a des raisons politiques. En 1998, la majorité risque d'être battue. Actuellement, la situation est meilleure. J'ai aussi besoin de retrouver une certaine légitimité.

Tu sais quand auront lieu les prochaines législatives si tu dissous ?

– En 2002.

– Oui, trois semaines avant la présidentielle. Si tu les perds, tu ne pourras pas te représenter. »

Chirac est ébranlé. Juppé, de son côté, s'occupe des responsables UDF. Après avoir vu Giscard, déjeuné avec René Monory au palais du Luxembourg, il demande à François Léotard de se rendre à Matignon. Le député-maire de Fréjus tient réunion à l'Assemblée nationale avec tous les caciques de la confédération centriste libérale pour présenter son programme. « Ça peut marcher », dit-il au retour. « Avec 35 % d'opinions favorables ? », répond Gilles de Robien, président du groupe à l'Assemblée.

4

Un quarteron de libéraux

Début avril. Un clan, emmené par Jean-Pierre Denis, secrétaire général adjoint de l'Elysée, agite le chiffon des déficits et tente de transformer le coup décidé par le Président en putsch libéral...

Ce sont les « coucous » de la dissolution. A partir du week-end du 5 avril, des proches du chef de l'Etat, hommes politiques et grands patrons, voient dans l'opération en préparation l'occasion unique pour mettre enfin en œuvre ce mythique « libéralisme à la française » dont ils rêvent. Intense mais bref, l'épisode se noue au début des vacances de Pâques, dans le secret de l'Elysée, autour d'un document ultraconfidentiel, la *Note de perspectives* élaborée chaque année par la direction du Budget pour analyser l'évolution des finances publiques. Chiffres arides mais contenu explosif : dans sa première mouture, achevée le 26 mars, ce texte prédit une catastrophe.

Un homme s'en empare et tente d'en faire le levier d'un changement d'orientation de la politique économique du gouvernement : Jean-Pierre Denis, secrétaire général adjoint de l'Elysée. Yeux bleu acier, allure réservée, il a été la plume et le conseiller économique de Jacques Chirac pendant la campagne présidentielle. Epris de libéralisme à la Madelin, ouvertement hostile à l'orthodoxie maastrichtienne d'Alain Juppé, ses relations avec Dominique de Villepin, le secrétaire général de l'Elysée, sont tendues, à un poil du clash au moment de la privatisation ratée de Thomson CSF à l'automne 96.

Depuis plusieurs mois, Denis crie casse-cou à propos de l'évolution des déficits. Le dimanche 19 janvier, une réunion assez tendue a eu lieu autour de Jacques Chirac, à l'Elysée, avec Alain Juppé, Dominique de Villepin, Maurice Gourdault-Montagne et les ministres de l'Economie et du Budget, Jean Arthuis et Alain Lamassoure. Signe d'inquiétude : le chef de l'Etat a demandé à pouvoir disposer d'un suivi mensuel de l'évolution des déficits. Trois mois plus tard, la note du Budget confirme les sombres pronostics. Elle évalue les déficits publics pour 1997 à 3,7 ou 3,8 % du PIB, bien au-delà des 3 % exigés par le traité de Maastricht. Au lendemain du deuxième tour, Jean Arthuis, qui cherche à retrouver son siège de sénateur de Mayenne, reconnaîtra dans le bureau de René Monory : « Maintenant qu'on est battus, je peux te le dire : pour 1997, on est à 4 %... »

Plus grave encore : avec un déficit à 4,7 % du PIB, 1998 a tout de l'*annus horribilis*. Pour corriger le tir, la direction du Budget propose des mesures drastiques : du côté du budget de l'Etat, des augmentations d'impôts pour 25 milliards de francs et des suppressions de crédits à hauteur de 44 milliards. Pour la Sécurité sociale, 20 milliards d'augmentation des cotisations vieillesse et 25 milliards d'économies. Bref, il s'agit d'un nouveau plan de rigueur. Suicidaire, vu l'état de l'opinion et l'atonie de l'économie. Pour Jean-Pierre Denis, démonstration est faite : la politique d'austérité d'Alain Juppé conjugue les inconvénients. Elle est impopulaire et surtout inefficace. Conclusion : si dissolution il y a, il faut qu'elle s'accompagne d'un changement de cap, d'un tournant libéral, pour relancer la consommation, avec une réduction massive des impôts. Quitte à introduire, avec l'accord des Allemands, un peu de souplesse dans l'interprétation des critères de convergence et de l'objectif des 3 %. Une vraie rupture, qui doit s'accompagner d'une inflexion du discours politique.

Se met alors en place un étonnant ballet de jeux d'influence, de rencontres discrètes, d'alliances objectives... Un putsch, mais un putsch mou, morcelé, en pointillé, piloté au cœur même de l'Elysée par Jean-Pierre Denis, qui profite de l'absence de Dominique de Villepin, parti en vacances au Club Méditerranée d'Agadir, pour mener son offensive. A deux reprises, durant le week-end du 5 avril, il analyse longuement en tête à tête avec le chef de l'Etat, qui tombe de haut, les chiffres du budget, et évoque les mesures de redressement envisageables.

Chirac appelle Juppé, qui se montre quasiment plus pessimiste que le secrétaire général adjoint.

Hasard du calendrier, le mercredi 9 avril, Jacques Chirac est à Bonn pour un sommet franco-allemand. Au cours de son entretien avec Helmut Kohl, le Président lance un coup de sonde : « Tu sais, on ne sera peut-être pas prêts pour l'euro... Les 3 %... » Le Chancelier élude. Chirac poursuit en rappelant au responsable allemand ses propres soucis budgétaires : « Ta situation est plus difficile que la nôtre. » Kohl : « Jacques, c'est trop tôt pour en parler. Faisons nos meilleurs efforts et on verra... »

Jean-Pierre Denis fait part de ses interrogations à des poids lourds de la majorité. A Alain Madelin, d'abord, avec lequel il est sur la même longueur d'onde. L'ancien ministre des Finances, qui a dîné, à deux reprises, le 26 mars et le 13 avril, avec le chef de l'Etat, a longuement défendu la nécessité d'un tournant libéral. Coïncidence, le samedi 5 avril, Jean-Pierre Denis et Claude Chirac font une apparition à la convention d'Idées-Action. Le premier dans l'après-midi. La seconde dans la soirée. Avec l'autorisation du Président : « Il y aura peu de monde, ça fera plaisir à Madelin, et personne ne s'en apercevra. » Sauf les photographes, qui mitraillent.

Jean-Pierre Denis discute surtout avec Nicolas Sarkozy, comme lui supporter du PSG. Pour le maire de Neuilly-sur-Seine, qui brigue Bercy, l'hypothèse libérale est la seule crédible. Toujours pressé, il a même pris une option : s'il devient ministre, Denis sera son directeur de cabinet. « En raison des liens étroits entre Denis et Chirac, c'est une façon de contourner l'influence de Matignon ; de mettre Sarkozy et Bercy sous la protection directe de l'Elysée », confie un grand patron mis dans la confidence.

Début avril, c'est aussi la période où Jean-Pierre Denis est reçu, à deux reprises, par René Monory, le président du Sénat. Au menu, encore, la situation budgétaire. Monory, fréquemment consulté par Chirac, plaide, lui aussi, avec vigueur pour un « virage » libéral. A l'automne, Monory et Denis ont d'ailleurs tenté ensemble une première percée, en soutenant la réforme de l'impôt sur la fortune (ISF) proposée par le Sénat. Après avoir donné son feu vert, Chirac, sous la pression de Juppé et de nombreux parlementaires RPR, avait calé, avec, pour mot d'excuse : « J'ai perdu la présidentielle de 1988 à cause de l'impôt sur la fortune. Je ne veux pas recommencer. »

En charge du secteur industriel, Denis est en contact permanent avec l'establishment financier où Chirac compte de nombreux amis, dont Henri Lachman (Strafor-Facom), François Pinault (Printemps-Fnac), Claude Bébéar (Axa). Hasard encore, Denis fréquente assidûment les deux premiers. Il fait même du vélo avec Pinault et Sarkozy, le week-end, dans l'Ouest parisien.

Pourtant, malgré ce maillage serré, l'offensive libérale tourne court à partir du 17 avril. D'Agadir,

Villepin a multiplié fax et coups de fil, et, dès son retour, lance la contre-attaque avec l'aide de Jacques Pilhan. « Il n'a mis que deux ou trois jours à récupérer son Président », témoigne un des « conjurés ». Denis est accusé d'avoir fait fuiter la note du budget évoquée par *Libération* le 17 avril et par *Le Monde* le 18, note qui a été aussitôt interprétée comme le signe avant-coureur d'un nouveau plan de rigueur. De quoi plomber la campagne avant même qu'elle ne commence. Le 18 avril, une réunion est organisée en catastrophe dans le bureau de Jacques Chirac. Alain Juppé ne veut plus entendre parler de rupture. Jacques Pilhan y est totalement hostile : « M. le Président, c'est dangereux », dit-il en faisant valoir que le thème de la liberté effraie les électeurs. Dans la foulée, il invente le slogan de la campagne, « L'élan partagé », pour conjuguer « libéral » et « social ». Il fait l'unanimité. Pour bien marquer le coup, le chef de l'Etat s'empresse de rédiger de sa main un communiqué à passer à l'AFP. Le samedi 19 avril, Alain Madelin confie à un interlocuteur : « C'est fichu, il ne se passera rien. » Le dimanche 20 avril, veille de la dissolution, les conjurés libéraux tentent un baroud d'honneur. Sarkozy organise, chez Lipp, boulevard Saint-Germain à Paris, un dîner avec Madelin, François Léotard, président de l'UDF, et Gérard Longuet, ex-président du PR, qui les rejoint au café, « pour bien montrer que les idées libérales, ça y compte ».

Le lundi de la dissolution, Gilles de Robien, président du groupe UDF à l'Assemblée nationale et radicalement anti-Madelin, fait part de son inquiétude à Chirac, qui lui répond : « Tu sais bien que je n'ai jamais été un ultralibéral. » Commentaire rétrospectif d'un familier de l'Elysée : « Chirac a utilisé la donnée budgétaire comme un élément parmi d'autres poussant à la dissolution. Mais une fois la décision prise, il s'est totalement désintéressé du sujet. »

5

« Mes chers compatriotes... »

Lundi 21 avril, jour J. Avant de parler à la télévision, le Président prévient Hue, Jospin et les ténors de la droite, téléphone à Giscard et à Balladur, en essayant de n'oublier personne.

Alea jacta est. Le lundi 21 avril, Jacques Chirac est d'humeur guillerette. L'heure de la délivrance approche. C'est pour ce soir, 20 heures. Avec trois jours d'avance sur le tempo prévu, impossible à tenir tant la pression politico-médiatique est devenue forte. Il a consulté tous azimuts, lu et relu, la veille encore, le texte de son allocution, préparé par Christine Albanel, chargée, à l'Elysée, de la culture, de l'éducation et de l'écriture des discours présidentiels. Tous les mots ont été, une fois de plus, passés au crible, soupesés par Dominique de Villepin, le secrétaire général, Maurice Ulrich, son conseiller, Claude, sa fille, et Jacques Pilhan, chargé de la communication. Maintenant, il lui suffit d'attendre, de se plier au protocole républicain qui entoure l'annonce d'une dissolution.

En principe, c'est réglé comme du papier à musique. Et pourtant, un couac est évité de justesse avec René Monory, président du Sénat, qui, à 10 heures, succède au Premier ministre à l'Elysée. Le chef de l'Etat a appelé la veille le père du Futuroscope, pour lui dire : « C'est pour demain. Alors, tu es d'accord... Donc, ce n'est pas la peine qu'on se voie. » Un peu interloqué, l'élu de la Vienne demande à son directeur de cabinet, Jean-Dominique Giuliani, de joindre Dominique de Villepin : « Dites, vous n'avez pas oublié de consulter officiellement Monory et Séguin ?... » L'article 12 de la Constitution est pourtant clair : « Le président de la République peut, après consultation du Premier ministre et des présidents des assemblées, prononcer la dissolution de l'Assemblée nationale. » L'oubli est réparé.

Maintenant, c'est au tour du président de l'Assemblée nationale de grimper les marches du perron. Il arrive d'Epinal, où il a passé le week-end après avoir lancé, quatre jours auparavant, dans les couloirs du Palais-Bourbon : « Il ne faut pas que Chirac cherche à me joindre pendant le week-end. Je ne réponds pas au téléphone et, quoi qu'il arrive, je ne rentrerai pas avant lundi. » Chose promise, chose faite. « Il faudra qu'on réfléchisse à ce que tu vas faire. Pour toi, il n'y a que deux possibilités : la présidence de l'Assemblée nationale ou Matignon », observe le chef de l'Etat en l'accueillant. Séguin : « Il en existe une troisième : que je reste sur mon banc dans l'hémicycle. » Ambiance...

Chirac lui donne à lire le texte de son intervention : « (...) Nous avons besoin d'une majorité ressourcée et disposant du temps nécessaire à l'action (...) Ensemble, nous devons réformer en profondeur l'Etat afin de permettre une baisse de la dépense publique, seule façon d'alléger les impôts et les charges qui pèsent trop lourdement sur vous... Et puis, il y a l'Europe (...) Pour aborder ces échéances en position de force, (...) votre adhésion et votre soutien sont essentiels (...) »

Paupières qui tombent et yeux qui virent au noir. Séguin a l'air catastrophé. Chirac : « Mais qu'est-ce qui ne va pas ? » Séguin : « Tu donnes trois raisons. Ça en fait deux de trop. Il ne manque que la famille, cellule de base de la société, pour que ce soit complet... » Chirac : « Qu'est-ce que tu proposes alors ? » Séguin : « Il faut que tu te centres sur l'Europe ! » Chirac : « Oui, mais on a des études qui montrent que, comme ça, ça passe très bien. »

Plusieurs dimanches de suite, l'équipe présidentielle a planché sur l'annonce de la dissolution. Avec de sérieuses divergences d'appréciations, notamment entre Villepin et Pilhan. C'est une décision exceptionnelle qui demande une explication exceptionnelle, a fait valoir le secrétaire général, qui a en mémoire un sondage qualitatif réalisé par l'institut CSA le 28 mars. Le communicant du chef de l'Etat n'a, en revanche, qu'un seul souci : rassurer l'électorat. Or, explique-t-il, l'Europe est un sujet qui effraie, et divise la majorité. Sa thèse est retenue. Le résultat a tout d'un filet d'eau tiède, que ne goûte guère Séguin.

A peine rentré à l'hôtel de Lassay, le député-maire d'Epinal, qui a encore en mémoire la déclaration de De Gaulle en 1968, pond la mouture d'un texte très bref, qu'il fait porter par motard à l'Elysée : « (...) L'Assemblée nationale élue en 1993 a rempli sa mission. Je lui rends l'hommage de la Nation... Nous sommes maintenant à la veille d'échéances nouvelles. Il s'agit de savoir comment nous allons faire l'Europe. Je souhaite que nous en débattions ensemble et que vous me donniez les moyens de démontrer à nos partenaires que, quand je défendrai mon idée de l'Europe, je parlerai au nom de la France... L'Europe sera ce que nous en ferons... Vive la République, vive la France. » Devant sa télé, à 20 heures, Séguin retrouvera tout au plus deux phrases de son jus. « Sans doute pour me faire plaisir », pense-t-il alors, plus pessimiste que jamais.

Après les consultations protocolaires, avec coups de fil aux présidents des groupes RPR et UDF, Michel Péricard et Gilles de Robien – Jacques Chirac soigne les ego – il téléphone à Valéry Giscard d'Estaing pour l'informer de sa décision. Le président de l'Auvergne lui signifie son désaccord. Alain Juppé croit pourtant l'avoir entendu dire le contraire quelques semaines plus tôt.

Ensuite, le chef de l'Etat s'occupe d'Edouard Balladur, qui, briefé quelques jours auparavant par Monory, n'est pas opposé à l'opération. Chirac le joint dans sa voiture, sur la route de Sallanches, alors que l'ancien Premier ministre quitte Chamonix :

« J'ai essayé de vous joindre toute la journée d'hier.

– Je n'étais pas à Paris.

– J'envisage de dissoudre.

– Si vous l'avez décidé, c'est bien.

– Ça dépend aussi de votre avis.

– C'est fait, votre décision est prise. »

Seul conseil du député du XVe arrondissement de Paris, qui s'estime mal placé pour recommander au Président de changer de Premier ministre avant de se lancer dans ce genre d'aventure : « Présentez la dissolution avec des explications claires. »

Vient le tour de François Bayrou, le président de Force démocrate. Le chef de l'Etat refait son numéro : « Je t'ai cherché partout. Je voulais te prévenir de la dissolution. » Puis celui des leaders de l'opposition, Robert Hue d'abord, Lionel Jospin ensuite, qui, dès la veille à « 7 sur 7 » sur TF1, a commenté la décision attendue. Chirac : « Je vous ai écouté, hier soir, je vous ai trouvé assez bon. Comme je viens d'en informer le secrétaire national du PC, ce soir j'annonce la dissolution de l'Assemblée nationale », dit-il au premier secrétaire du PS. Jospin remercie pour le compliment, mais ne fait aucun commentaire.

Dans l'après-midi, Alain Juppé ne chôme pas. Il convoque plusieurs ministres et responsables de la majorité pour les mettre au parfum : Jacques Barrot

(Affaires sociales), Philippe Vasseur (Agriculture), Jean-Pierre Raffarin (PME), et aussi le député-maire de Neuilly, Nicolas Sarkozy. Discrétion oblige, il leur demande de passer par les jardins, rue de Babylone, ce qui ne trompe pas longtemps les photographes qui immortalisent les allées et venues. A plusieurs d'entre eux, le Premier ministre demande de lui rédiger des notes pour son discours du lendemain, devant les parlementaires RPR-UDF réunis au Palais des congrès pour le lancement de la campagne. Durant le week-end, le Premier ministre a demandé à François Léotard le programme de l'UDF. Il s'en inspirera pour la plate-forme commune. Il reçoit aussi Roger Romani, ministre des Relations avec le Parlement, Jean-François Copé, membre de sa garde rapprochée, et Jean-François Mancel, secrétaire général du RPR, pour mettre au point l'organigramme de la campagne. Il confirme à Patrick Stefanini, secrétaire général adjoint du mouvement gaulliste, qu'il codirigera, avec le bras droit de François Léotard, Renaud Donnedieu de Vabres, le futur QG commun.

A 20 heures, pas de surprise. D'emblée, le président de la République déclare : « Mes chers compatriotes, j'ai décidé de dissoudre l'Assemblée nationale. Le décret de dissolution et le décret fixant la date des élections législatives au 25 mai et au 1er juin seront publiés demain matin... »

A 22 heures, les leaders de la droite se retrouvent tous dans le bureau d'Alain Juppé à Matignon.

Ils croient que c'est pour parler politique, stratégie, enjeux. C'est pour une photo de famille destinée à *Paris-Match.* Grosse bousculade. Tous veulent être sur le cliché. C'est raté, certains restent hors champ (Guy Drut, Jean-Pierre Raffarin, François Baroin...). Ça commence mal.

6

Jospin en odeur de campagne

Quand le Président lui téléphone, le 21 avril, le premier secrétaire du PS a déjà compris depuis cinq jours ce qui se mijote. Dès la veille, sur TF1, il a lancé la campagne, dopé par le combat qui s'ouvre.

Le lundi 21 avril en milieu de matinée, le téléphone sonne dans le bureau de Nicole Baldet, la fidèle assistante de Lionel Jospin, au 73, rue de Vaugirard, siège provisoire du PS. C'est l'Elysée. Le Président cherche à joindre le premier secrétaire pour lui « confirmer » (*sic*) ce que tout le monde sait déjà : « Comme je viens d'en informer le secrétaire national du Parti communiste, Robert Hue, ce soir j'annonce la dissolution de l'Assemblée nationale. » Jospin est satisfait. Il aime l'odeur des campagnes électorales. Ça le transcende. Surtout quand il pense n'avoir rien à perdre mais tout à gagner. C'est ce qu'il a expliqué, la veille au soir, à ses proches. Avec eux, il a dîné au Procope, au Quartier Latin, à l'issue de son « 7 sur 7 » sur TF1. Une bénédiction que cette émission. Programmée depuis plus d'un mois, ce devait être une remise en selle après les ratés de l'hiver. Et puis, la chance est passée par là. La session de rattrapage est devenue une rampe de lancement. Chirac croyait prendre Jospin par surprise en annonçant des législatives anticipées. Paradoxe, c'est le chef de l'opposition qui donne le coup d'envoi de la campagne, alors que le chef de l'Etat n'a encore rien annoncé officiellement. « Ce jour-là, on a vu un autre Jospin que celui des sans-papiers. Il est parti, on ne l'a jamais rattrapé. On ne l'a plus revu, si ce n'est de dos », se souvient François Hollande, aujourd'hui premier secrétaire délégué.

Pour Jospin, cette campagne arrive comme une divine surprise, un soulagement. Car il n'est pas au mieux de sa forme. Certes, de la présidentielle jusqu'à l'automne 1996, il a fait un quasi-sans-faute. Il a remis les socialistes au travail, les a encouragés à renouveler leurs réflexions sur l'Europe, les institutions, l'économie, leur a imposé un calendrier pour désigner leurs candidats aux législatives et sceller des accords avec leurs alliés.

Mais depuis l'hiver, il patine. Il le reconnaît d'ailleurs en mars devant les sénateurs socialistes : « Nous sommes dans une phase moins facile qu'il y a quelques mois. » Sa cote a chuté dans les sondages. La « gauche morale » lui reproche de n'avoir pas vu venir le mouvement des sans-papiers de Saint-Bernard en août, le projet de loi

Debré sur l'immigration en décembre, et d'avoir mis du temps à comprendre la nature du mouvement des pétitionnaires en mars. Elle l'accuse d'avoir manqué le coche de la rénovation socialiste en février à Vitrolles, où il a laissé le maire socialiste mis en examen affronter la lepéniste Catherine Mégret. Et la gauche a pris une raclée. Cela rejaillit sur son chef, qui pensait naïvement qu'il n'avait pas à se mêler de l'affaire, au prétexte que Vitrolles est en terre fabiusienne, les Bouches-du-Rhône... Pour se refaire, le 16 mars, Jospin a manifesté à Bruxelles avec les ouvriers belges de l'usine Renault-Vilvorde, dont la fermeture a été annoncée. Le 18, il a aussi tracé les grandes lignes économiques de son programme pour 1998. Devant les journalistes, dans un grand hôtel parisien, il a pris un ton et un style de « Premier-ministrable » : « Je ferai ceci, je ferai cela... » Personne ne croyait alors que ce serait si tôt.

Normal qu'autour de la table du Procope, ce dimanche 20 avril, tout le monde s'amuse. Vincent Peillon, un jeune jospiniste, rigole avec Dominique Strauss-Kahn. Car tout à l'heure, sur TF1, Jospin a fait comme si la dissolution était chose acquise : « Peut-être qu'on s'est plantés et qu'on va vers un simple remaniement ! » Daniel Vaillant, le fidèle compagnon, se hasarde à pronostiquer la date des législatives anticipées : 25 mai et 1er juin. Même Jospin se laisse aller : il confie qu'on lui a volé sa R19 cabriolet, le seul bien qu'il affichait durant la campagne présidentielle, il y a deux ans. Jusqu'alors, ses rares amis dans la confidence avaient dû jurer le secret. C'est dire si, ce soir-là, il est exubérant... Il l'est d'autant plus qu'il est serein. Le président de la République peut annoncer demain la dissolution aux Français, il est prêt. Et, à la différence de la présidentielle, cette fois, il part pour gagner.

Pourtant, il n'a pas été particulièrement clairvoyant sur l'hypothèse de la dissolution. Il n'y a vraiment cru que quatre jours plus tôt. Le mercredi 16 avril, après le bureau national hebdomadaire du PS, il prépare son « 7 sur 7 » avec quelques proches. Une procédure inhabituelle chez lui. Il y a là Nicole Baldet, Dominique Merchez, son attaché de presse, Aquilino Morelle, sa « plume », Jean-Pierre Audour, un copain publicitaire, Pierre Moscovici et Jean-Christophe Cambadélis, deux de ses conseillers politiques, et Hollande, le porte-parole du PS. La discussion roule. Cambadélis doute de la dissolution : « Comment Pilhan peut-il laisser parler Jospin 24 heures seulement avant Chirac ? » Les autres, en revanche, sont persuadés qu'elle est proche. Hollande, à Jospin : « Il faut que tu y penses pour le " 7 sur 7 ". » Jospin : « Tu crois ? Bon, d'accord... » Avant ce 16 avril, ils ne sont que deux à soupçonner quelque chose. Dès l'automne 1996, devant le patron du PS, Moscovici explique qu'au printemps il y aura une embellie économique qui pourrait être une occasion à saisir pour Chirac. « Camba » conteste : « Chirac et Juppé sont minoritaires. Le gouvernement n'a pas d'assises, il est sur une tête d'épingle, il est sur la logique du premier tour de la présidentielle : il n'a pas intégré les balladuriens. Je n'y crois pas une seconde. » Mosco l'assure : « Chirac profitera de la fenêtre de tir. »

Jospin est prudent, il écoute... et prend soin, malgré tout, de boucler les candidatures socialistes. Depuis le début de l'année, quelques-uns de ses fidèles réfléchissent à l'échéance de 1998. Discrètement. « Camba », « Mosco », Merchez et Henry Pradeaux, le chef de cabinet de Jospin, se réunissent chez Jean-Pierre Audour, le publicitaire. Ils décident de mettre en place un projet de communication spécifique centré sur la personne du premier secrétaire. « L'atout des législatives, c'est Jospin lui-même », estiment-ils.

Un autre socialiste a le nez creux. Et ça lui rapporte cent bouteilles de vin et un déjeuner. C'est le fabiusien Claude Bartolone, député de Seine-Saint-Denis, qui prend le pari avec des amis dès janvier : « Je suis sûr que la droite va essayer de nous surprendre. Regardez le calendrier ce sera entre le 11 mai et le 22 juin. » Pari gagné. Le 2 mai, rebelote. Bartolone assure devant un petit cénacle fabiusien : « Moi, je dis qu'on peut gagner. » Tout le monde le prend pour un « taré ». Laurent Fabius propose alors à l'assistance d'inscrire ses pronostics. Les petits papiers sont confiés à Florence Ribard, le chef adjoint du cabinet de Fabius. Elle les boucle dans le coffre de son bureau de l'Assemblée. « J'étais le seul à donner la gauche gagnante », poursuit « Barto », qui ne se trompe que de trois sièges sur le résultat final. « Après, les copains sont venus me voir pour me féliciter. Dis, quand est-ce que tu donnes les chiffres du Loto ?... »

7

Plurielle en huit jours

Jospin est ravi de la campagne qui s'ouvre, mais il lui faut d'abord construire sa coalition de gauche. Urgence oblige, Chevènement cesse de bouder et le PCF arrondit les angles.

Pour les grandes occasions, Daniel Vaillant aime à déboucher une bonne bouteille. La dissolution est tirée, il faut la boire. Ce samedi 26 avril, le numéro 2 du PS ne faillit pas à la tradition. Grimaces de ceux qui l'entourent en portant leur verre aux lèvres : le vin n'est pas excellent, il est un peu vert... L'un de ses hôtes, l'écologiste Jean-Luc Bennahmias, lui en fait la remarque. Vaillant s'en excuse, sort d'autres bouteilles, des cacahuètes et des gâteaux. De quoi tenir, car la soirée s'annonce longue et laborieuse. C'est que la gauche doit devenir « plurielle » dans l'urgence de législatives anticipées.

La délégation des Verts est arrivée vers 19 heures à la mairie du XVIIIe arrondissement de Paris, celle du numéro 2 du PS. Objectif : boucler un accord électoral avec le parti de Jospin. Les négociations ont débuté en janvier, mais la dissolution annoncée cinq jours plus tôt a pris les partenaires de court pour les cas litigieux, entre autres Paris et la Seine-Saint-Denis. Comme les communistes et les chevènementistes, les écologistes sont sous la pression de l'horloge. Pour avoir droit au chapitre, ils doivent se ranger sous la bannière socialiste, quitte à jeter un voile pudique sur leurs divergences.

Avec les Verts, c'est Vaillant qui mène la discussion. « Les copains nous avaient dit : il faut être très fermes », raconte Yves Cochet, l'un de leurs porte-parole. En interne, les troupes parisiennes ont massivement voté contre l'entente avec le PS et les dirigeants écolos aimeraient bien ramener de quoi calmer les mécontents. Mais Vaillant est intraitable. « Vous n'êtes pas implantés, il faut être super-implantés à Paris », explique-t-il aux Verts. Ses interlocuteurs insistent. Vaillant finit par lâcher : « Il y a bien une copine de Cambadélis dans l'Ouest parisien qui pourrait peut-être laisser sa place. » Coup de fil à Jean-Christophe Cambadélis, secrétaire national du PS aux relations extérieures, qui n'entend rien céder. Les Verts resteront sans candidat à Paris. Puis Jean-Luc Bennahmias, candidat contre le RPR Robert Pandraud en Seine-Saint-Denis, mais qui en a assez que les fabiusiens du département lui tirent dans les pattes, demande qu'ils arrêtent de le « faire chier ». Vaillant promet d'essayer d'arranger les choses. Enfin, les écologistes se plaignent des difficultés que rencontre

Dominique Voynet avec les socialistes de Dole. Et le maire du XVIIIe promet une visite de Jospin pour calmer la base PS – ce sera fait le 13 mai. Aux alentours de minuit, les délégations se séparent. Avant les adieux, Vaillant entraîne tout le monde pour une petite visite guidée de sa mairie *by night*.

Avec le groupuscule de Jean-Pierre Chevènement, la partie est diplomatique. Les contacts entre les deux formations sont gelés depuis fin janvier. Le PS proposait aux amis de l'ancien ministre quatre circonscriptions en plus de leurs quatre députés sortants. Fin de non-recevoir du Mouvement des citoyens. Jospin y a pourtant mis du sien. Pendant vingt minutes, le 22 janvier, il a tenté de convaincre au téléphone Michel Suchod, le secrétaire général de la formation chevènementiste. Rien n'y a fait. Il a demandé alors à parler à Chevènement. La conversation, « franche et courtoise », a roulé une heure. Les deux hommes se connaissent depuis longtemps, ils sont de la même promotion de l'ENA. Il n'empêche que Chevènement a fini par trouver que les socialistes se foutaient de lui. A quoi Jospin a répliqué : « Tu déconnes, les propositions socialistes sont déjà bien généreuses. » Les choses en sont restées là. Mais, vertu de la dissolution, les deux mouvements se rencontrent discrètement à l'hôtel Méridien-Montparnasse, moins de vingt-quatre heures après l'annonce de Chirac. Jospin et Chevènement ont fait le déplacement. La discussion se déroule dans une grande chambre. En une heure et demie, l'accord est conclu. A la fin du débat, les chevènementistes demandent une suspension de séance de quelques minutes. Ils se concertent dans la salle de bains... Rideau (de douche).

Avec les communistes, Jospin sait que l'union est un combat. Quand le secrétaire national du PCF hausse le ton, début mars, pour critiquer la gauche « austère, craintive et fadasse », il se sait visé. Pour éviter que les choses ne s'enveniment, Jean-Claude Gayssot, le « monsieur Relations avec les partis de gauche » du PCF, appelle Jean-Christophe Cambadélis, son alter ego socialiste, pour vite organiser une rencontre. Et Jospin reçoit Hue à son domicile parisien, rue du Regard. L'échange est « franc et constructif ». Pour clore l'incident, ils décident de la tenue d'un « sommet » fin avril. Avec la dissolution, ce « sommet » change soudain de nature : il doit devenir le lieu où se scelle un accord pour la bataille législative.

Au cours de son « 7 sur 7 » du 20 avril, Jospin entame les travaux d'approche finale. Il a une petite phrase qui fait le bonheur de Hue : « Si, pour respecter le critère des 3 % [de déficits publics, comme l'exige le traité de Maastricht], il faut imposer une nouvelle cure d'austérité au pays, ma réponse est non. »

Le lendemain, le secrétaire national du PCF, mis dans la confidence la veille du propos jospinien, salue « l'évolution positive du PS » sur l'Europe. Le point de litige le plus épineux entre les deux partis est en passe d'être réglé. En prévision du « sommet » du 29 avril, Pierre Blotin, bras droit de Hue, et

« Camba » commencent alors à se retrouver pour rédiger ce qui doit devenir une « déclaration commune ». Ils se réunissent une première fois le 24 dans le bureau du socialiste Roger Madec, maire du XIXe arrondissement de Paris. Cambadélis remet un projet aux délégués du PCF. Il fait savoir qu'il vaut mieux ne pas aborder la question des ministres communistes, pour ne pas « donner un angle d'attaque à la droite ». La partie adverse ne s'en formalise pas. Mais les choses se compliquent quand, le 25 avril, Jospin refuse un débat télévisé à quatre proposé par Alain Juppé. La place du Colonel-Fabien est en colère. Blotin assure qu'il n'aime pas que « le jeudi on dise qu'on joue en double, et le vendredi en simple ».

En dépit du malaise, la négociation continue. Mais les exigences grandissent. Le samedi 26, Gayssot fait porter un texte d'une très grande orthodoxie communiste à la permanence de Cambadélis. Colère socialiste : « Nous estimons que ce document est inacceptable. Dans ces conditions, on ne peut pas aller plus loin. » Gayssot : « Attendez, on peut discuter... » Cambadélis : « OK, mais vite, car on va vers la rupture. » Le mot est lâché. L'alliance est à deux doigts de capoter. Gayssot joint alors Blotin sur son portable. Le bras droit de Hue est dans sa voiture. Coup de volant, embardée, il percute un mur quand il apprend que le PS menace de rompre. Plus de peur que de mal...

Le dimanche 27, à 7 heures du matin, Vaillant et Cambadélis ont un ultime rendez-vous au siège du

PCF. « On ne peut faire un texte sur vos bases », confirment-ils. Rupture ? A cette heure matinale, les communistes jouent l'apaisement. Les négociateurs se remettent au travail. Jospin veut être tenu au courant des discussions heure par heure. En fin de soirée, le texte lui convient, il rend hommage aux négociateurs : « Honnêtement, c'est du bon boulot. » Pierre Blotin dira : « Pour faire écrire " augmentation sensible des salaires – " dans la déclaration commune, ça été très, très difficile. »

La mise en scène de la rencontre au sommet de la Mutualité ne pose guère de problèmes. Pas question de donner l'idée de retrouvailles à la va-comme-je-te-pousse. Une brève poignée de main pour les photographes et les cameramen. Conférences de presse séparées. Dans le huis clos de la réunion, même si tout est bouclé, l'Europe revient encore sur le tapis. Jospin à Hue : « Vous connaissez mon orientation, je n'en changerai pas. » Elisabeth Guigou : « Tout bouge très vite. D'ici 1999, il est possible de faire bouger les choses. » « Nous l'entendons bien ainsi », répond Robert Hue. Pas une seule fois, pendant cette semaine, la participation des communistes au gouvernement n'a été évoquée. C'est que la gauche « plurielle » est encore loin de se voir au gouvernement.

8

Un os nommé Juppé

A droite, la campagne démarre mal. A Toulouse, Baudis refuse un meeting avec le Premier ministre. Toujours aussi impopulaire, Juppé se dit prêt à quitter Matignon. Mais c'est lui qui porte le « nouvel élan »

De l'appréhension ? Certainement. Un rien martial, la voix un peu rauque, Alain Juppé est seul à la tribune. Privilège du chef. Premier ministre, président du RPR, chef de la majorité, c'est à lui, et lui seul, de donner, ce 22 avril, à 15 h 30, le coup d'envoi de la campagne des législatives devant les parlementaires RPR-UDF réunis en grande pompe au Palais des congrès de la Porte Maillot à Paris. Drôle d'ambiance sur fond tricolore et d'unique slogan : « Avec Jacques Chirac, un nouvel élan pour la France. »

Question fougue, c'est raplapla. La famille, elle, n'est pas même au complet. Alain Madelin boude la réunion pour ne pas entendre Juppé dénoncer « l'hyperlibéralisme simpliste des années 80 ». « Je vais faire ma campagne dans la campagne », dit-il en mot d'excuse à Nicolas Sarkozy, avant de s'envoler pour sa ville de Redon sans passer par la porte Maillot. Sur l'estrade, Charles Pasqua, le sénateur des Hauts-de-Seine, tire la tronche. Edouard Balladur et Philippe Séguin fixent ostensiblement leurs chaussures. François Bayrou, le président de Force démocrate, a, dès son entrée dans la salle, un pressentiment. « Ça me fait penser au lancement de la campagne présidentielle d'Edouard Balladur », confie-t-il à François Fillon, ministre des P et T. Avec Séguin, opposé à la dissolution, mais persuadé que la majorité va l'emporter avec un siège d'avance et que Juppé va rester à Matignon, il persifle : « Pourquoi tu fais la gueule ? C'est formidable ! On va parler de l'Europe ! T'es vraiment un emmerdeur. »

Déjà, deux heures plus tôt, à Matignon, lors d'un déjeuner où les vingt-quatre dirigeants RPR-UDF du comité politique sont réunis, le ministre de l'Education n'a pu masquer son pessimisme. Mimique à la clé, il s'est mis à douter des possibilités de Juppé à incarner ce « nouvel élan » en l'écoutant présenter les grandes lignes de son discours. Ça n'a pas échappé à l'intéressé : « Pourquoi tu fais la gueule ? » Bayrou : « Parce qu'on va perdre. » Juppé à Sarkozy : « Tu vois, il est toujours comme ça. » Sarkozy : « Méfie-toi, il a souvent raison. »

A ce repas, dont le menu niçois a été concocté par Charles Pasqua, d'autres partagent ces idées noires. Gilles de Robien, président du groupe UDF à l'Assemblée, presse le Premier ministre : « Alain, il faut qu'on se mette au boulot pour dire quelle nouvelle politique on fait. » Il se fait aussitôt rétorquer : « Je t'interdis de parler de nouvelle politique. On garde la même politique. » Autour de la table, tous sont bien conscients de l'effet repoussoir d'un Premier ministre qui bat des records d'impopularité, donc de la difficulté à justifier une dissolution qui viserait simplement à le reconduire à Matignon pour faire la même politique. La veille, les socialistes l'ont pris pour cible et ils comptent bien le transformer en saint Sébastien. Lui tient sa réponse : « Nos adversaires vont faire campagne sur le thème votez à droite, c'est reprendre pour cinq ans de Juppé. Répondez que cinq ans de Jospin, ce serait pire. » Ça n'enchante guère les convives. La formule a été mise au point, le matin, par la cellule qui se réunit désormais tous les matins dans le pavillon de musique, au fond du parc de Matignon. Encore sonnés par le slogan lancé, la veille, par Laurent Fabius, « Juppé II, bonjour les dégâts », les stratèges – Dominique de Villepin, Claude Chirac, Jacques Pilhan, Maurice Gourdault-Montagne, et Agathe Sanson, chef du service de presse d'Alain Juppé – s'activent à allumer des contre-feux.

Au « 20 heures » de France 2, le 22 avril, le locataire de Matignon se défend de vouloir signer pour un nouveau bail. Le lendemain, René Monory, président du Sénat, enfonce le clou sur Europe 1, et évoque la possibilité que Juppé ne se succède pas à lui-même. Coup de fil de Chirac : « C'est exactement ce qu'il faut dire. » Monory : « J'espère que je n'ai pas froissé Juppé. » Chirac : « Non, d'ailleurs, il va bientôt dire qu'il sera peut-être remplacé. Il citera des noms de successeurs possibles : Balladur, Veil, Séguin, Pasqua... » Le maire de Loudun raccroche. Nouvelle sonnerie. Cette fois, c'est Juppé : « C'est bien ce que tu as dit. » Monory : « J'espère que je ne t'ai pas trop froissé. Si tu veux avoir une chance d'être encore Premier ministre, il ne faut pas trop t'exposer. » Juppé : « Tout à fait. D'ailleurs, je vais évoquer des successeurs possibles : Balladur, Séguin, Veil, Pasqua, toi... » Monory : « Ça, je te l'interdis. » François Baroin, l'ancien porte-parole de Chirac pendant la présidentielle, reprend aussi du service, sous la férule de Villepin. Dans *Le Figaro* du 24 avril, il laisse entendre que le chef de l'Etat pourrait ne pas garder Juppé.

Mais personne n'est dupe, d'autant que le dimanche 27 avril, le chef du gouvernement décline à « 7 sur 7 » son programme pour les 40 jours qui suivraient une victoire. « C'est une erreur », explique Monory au chef de l'Etat, qui répond : « C'est la partie la plus brillante de son discours. J'ai une étude Médiamétrie qui le prouve. » Bayrou, fou de rage, téléphone à Villepin : « Les 40 jours, c'est une connerie. C'est faire croire qu'on fera en 40 jours ce qu'on n'a pas fait en deux ans ! » Le secrétaire général l'envoie aux pelotes. Plus tard, il professera : « Le Président n'oubliera pas que François Bayrou a été en retrait et que Séguin est entré à reculons dans la campagne. »

Ces deux-là ne sont pas les seuls. Persuadés que Juppé porte la scoumoune, les principaux barons RPR-UDF labourent leurs terres. Aucun ne se presse pour recevoir le Premier ministre chez lui. Dominique Baudis refuse un meeting commun dans sa ville, Toulouse, sous prétexte qu'il ne peut l'organiser en trois jours. Il fait valoir aussi que ça grèverait ses comptes de campagne. Vengeance de Chirac : le samedi précédant le second tour, dans la tribune du parc des Princes, il l'ignorera, après avoir serré les mains de Philippe Séguin et de Lionel Jospin conviés à la finale du championnat de France de rugby. Quatre semaines plus tôt, il avait demandé à Baudis de venir le voir à l'Elysée et, pour la première fois, il l'avait tutoyé. « Ne reste pas à Toulouse, va affronter Jospin sur ses terres. Tu peux le battre. Et après, tu auras tout ce que tu veux. Même la présidence de l'Assemblée. » Sourire du député européen, qui, à la sortie, se contentera de dire : « Chirac veut bien mourir, mais avec la peau des autres. »

A Rennes, sous la pression d'Alain Madelin et de Pierre Méhaignerie, Juppé voit le meeting qu'il ambitionnait devenir une simple petite balade dans les rues. Giscard suggère, lui, une réunion publique à Limoges plutôt qu'à Clermont-Ferrand, son fief : « Tant qu'à aller dans le centre de la France, autant que ce soit là où il y a des voix à gagner, dans les régions de gauche. »

Le chef du gouvernement encaisse, plutôt mal que bien. Chirac, lui, est optimiste. Il demande à Juppé de réfléchir à l'après-1er juin. Celui-ci gamberge, reprend l'idée d'un gouvernement d'union et de combat. Le 21 mai, en arrivant au Conseil des ministres, l'avant-dernier de la législature, il a deux moutures en poche. Dans la première, il imagine, par ordre protocolaire : Raymond Barre, ministre d'Etat aux Affaires européennes, Simone Veil, ministre d'Etat à la Culture et à la Communication, Toubon à la Justice, Bayrou ou Millon à l'Education nationale, Léotard aux Affaires étrangères – avec, peut-être, le titre de ministre d'Etat –, Millon ou Balladur à la Défense, Pons à l'Equipement, Debré à l'Intérieur, Madelin à la Recherche – « mais acceptera-t-il ? », s'interroge-t-il –, Sarkozy, qui arrive en 13e position, à l'Economie – et là, il veut sonder le chef de l'Etat. Pour le reste, c'est presque la copie du gouvernement Juppé II, à deux exclusions près : celle de Philippe Douste-Blazy et de Jean Arthuis. La seconde mouture est plus décoiffante : Barre serait toujours aux Affaires européennes. Avec Balladur à la Défense, Veil ou Toubon à la Réforme de l'Etat, Mazeaud à la Justice, Bayrou à l'Economie, Léotard au Quai d'Orsay, Millon à l'Education nationale, Madelin à la Recherche et aux Techniques... Mais là, exit Sarkozy, en dépit des promesses de Juppé. Comme quoi les promesses en chiraquie n'engagent, c'est vrai, que ceux qui les reçoivent.

9

Démarrage sur un nuage

Les socialistes hument un air nouveau. En 1993, ils étaient insultés sur les marchés. Là, les électeurs prennent plutôt pour cible la stratégie de Chirac. Et ils s'arrachent la brochure du PS, tirée à 11 millions d'exemplaires.

Lionel est de bonne humeur. Ses proches n'en reviennent pas, mais le premier secrétaire du Parti socialiste est dans une forme éblouissante. D'ailleurs, le ministre de l'Education nationale, François Bayrou, l'a remarqué. Au cours d'un des premiers comités politiques de la campagne RPR-UDF, il a tenu à souligner que la concurrence était meilleure. Les socialistes le sentent bien. Ils ont le vent en poupe. C'est facile de faire les marchés : la gauche n'y rencontre que des électeurs qui ne comprennent rien à cette dissolution. Ceux qui se souviennent des insultes reçues en 1993 constatent le changement. En plus, Tony Blair l'emporte en Grande-Bretagne le 1er mai, forçant la droite à se réjouir de la victoire d'un social-démocrate... Lionel Jospin, donc, est de bonne humeur. Mais il veille au grain. Et, immédiatement, dit à ses troupes : « Pas d'arrogance, de la méthode. »

Rue de Vaugirard, au siège provisoire du PS, il n'a pas fallu quarante-huit heures pour se déployer dans les étages inoccupés de l'immeuble, loué à *Vogue*. A la différence de la présidentielle, la recherche de locaux n'a été ni longue ni fastidieuse : il a suffi, dès que les bruits de dissolution ont pris de la consistance, de prendre une option sur les étages du dessus. Autant de temps de gagné. Le bureau national du PS a été rebaptisé « conseil de campagne » et le secrétariat national élargi « comité de campagne ». Tous les éléphants y siègent. Personne ne moufte quand le premier secrétaire énonce la ligne : « On a beaucoup de forces, mais une faiblesse : la droite a près de 500 députés. Donc, nous devons être sur le terrain. » L'équipe gamberge. Une première opération, « 500 meetings » – à répartir entre Jospin et lesresponsables du parti –, est envisagée. Impossible à monter. L'idée tombe à l'eau. Le premier secrétaire se lance donc seul. Il décide de sillonner la France. « Il s'agit d'allumer le feu aux quatre points cardinaux. » Ceux qui l'entourent sont convaincus que son image d'homme intègre va payer. Jospin, qui surfe sur le thème de la « dissolution de convenance » et l'impopularité d'Alain Juppé, doit incarner la morale en politique. Le sénateur Claude Estier l'y encourage. Pour le moment, l'ancien ministre y arrive à la perfection, en externe comme en interne. Ses proches trouvent même qu'il en fait parfois un peu trop : un jour, sur sa lancée, il se lance dans une diatribe contre les films pornos...

Question stratégie, ça tangue un peu. Laurent Fabius reproche à Jospin de trop « présidentialiser » la campagne. « Attention à ne pas donner l'impression que nous jouons le troisième tour de la présidentielle. Il faut éviter que Chirac dise : « C'est moi ou le chaos. » Claude Bartolone, un fabiusien de choc pourtant, estime à l'inverse qu'il faut « taper » sur Chirac : « Juppé, sur le terrain, il est déjà flingué. Les gens, c'est de Chirac qu'ils veulent se venger. C'est lui qu'il faut avoir en ligne de mire. » Le patron de la campagne enregistre... et ne bouge pas d'un iota : il continue à dénoncer Juppé, mais ne s'attarde guère sur le chef de l'Etat, sauf, de façon indirecte, en rappelant, de temps à autre, les frasques parisiennes.

Auprès de lui, Jospin a appelé le rocardien Manuel Valls pour s'occuper de la communication. Il se laisse convaincre, cette fois, de choisir une agence de pub professionnelle, quitte à froisser quelques amis de la partie – Bertrand Delanoë, notamment. Premier travail, trouver un slogan. Valls, conseillé par son ami Stéphane Fouks et Jacques Séguéla, de Euro-RSCG, suggère plusieurs mots d'ordre qui tous tournent autour du « changement ». Le mercredi 23 au soir, entouré des trois hommes, le premier secrétaire se décide pour « changeons d'avenir ». Le slogan est dévoilé à Sarcelles, le lendemain, au cours du premier meeting de campagne. Même les fabiusiens ne trouvent rien à redire. Claude Bartolone ne cache pas son enthousiasme : « J'ai dit à Jospin qu'on avait déjà une ambiance de fin de campagne. » Quant à la couleur de ralliement, tout ce petit monde décide de garder celle utilisée pendant la présidentielle, le vert, mais en changeant la nuance. De turquoise, le vert devient prairie. Sylviane Jospin n'aime pas. Elle essaie de convaincre son époux de changer de ton. En vain.

A partir du 12 mai, tous les matins à 8 h 30, Jacques Séguéla – l'homme de « la force tranquille » – petit-déjeune avec l'état-major socialiste dans un grand hôtel, juste en face du QG. Il y a là les « communicants » – notamment Fouks, Alain Denvers, chargé de la campagne télévisée officielle, et Jean-Pierre Audour, le publicitaire ami de Jospin – et les « politiques ». Le premier secrétaire vient une fois sur deux. Mais rien ne se décide sans lui. Il est directeur de campagne, organisateur, porte-parole, chef de l'opposition. Quand il est absent, les suggestions sont soumises une à une à son approbation. Entre les « communicants » et les « politiques », les discussions sont parfois rudes. Pour le meeting du 15 mai au Zénith, Séguéla veut du spectacle : Jospin se promenant au milieu de jeunes, dialoguant avec eux. Le premier secrétaire garde l'idée, la corrige, l'adapte à son style, plus classique. Plus professoral aussi.

Un peu plus tôt, la cellule « arguments-riposte » s'est réunie sous la direction de Christian Sautter et de Gilles Finchelstein, 33 ans, la « plume » de Pierre Mauroy. Alain Geismar, l'ancien leader enseignant de mai 1968 reconverti à l'inspection générale de l'Education nationale et dans les cabinets ministériels, est chargé de faire le relevé des chroniques du matin pour analyser les thèmes du jour et déterminer ceux qui appellent des réponses. A l'Assemblée nationale, la machine fabiusienne s'est mise très vite en route : le groupe envoie deux fax par jour à tous les candidats. Le premier part le 22 avril, deux heures après le discours d'Alain Juppé qui ouvre la campagne au palais des Congrès de la Porte Maillot.

Il est temps d'élaborer un programme. Théoriquement, c'est l'affaire de Pierre Moscovici, chargé des études au PS. Mais il est en campagne dans le Doubs. Aquilino Morelle, le médecin énarque, collaborateur récent de Lionel Jospin, se retrouve donc un peu seul pour rédiger les propositions socialistes. Dans la dernière ligne droite, il travaille avec Claude Allègre, opportunément remercié de la présidence du Bureau des recherches géologiques et minières trois semaines avant la dissolution, Pierre Moscovici, qui a abandonné sa circonscription pour quelques heures, et Manuel Valls. Le programme, bientôt édité sous forme d'un livre vert, est terminé à 2 heures du matin, le 1er mai. Il doit être officiellement présenté lors d'un conseil national spécial, le lendemain.

En voyant le résultat, plusieurs dirigeants socialistes ne cachent pas leur consternation. Un fabiusien me rapporte une scène : le parisien Bertrand Delanoë, communicant de profession mais tenu à l'écart, entend donner des leçons au jeune Valls : « Ce n'est pas comme ça que j'aurais fait pour la campagne présidentielle de Lionel Jospin. » La réplique est immédiate : « Moi, c'est comme ça que je fais pour la campagne législative de Lionel Jospin. » Les députés Jean Glavany et Julien Dray, le sénateur Jean-Luc Mélenchon, Jack Lang font la moue : ils n'aiment pas cette brochure verte. Même Pierre Schapira, un proche de Lionel Jospin, n'a pas l'air emballé : trop de chiffres, pas assez lisible. A la présentation officielle, Fabius n'est pas là. Mais il est dit que, décidément, les socialistes ont de la chance. Car le miracle se produit : on s'arrache cette brochure, baptisée *Changeons d'avenir*. Initialement imprimée à 6 millions d'exemplaires, il faut rapidement en retirer 4 millions de plus ; elle finira par être diffusée à près de 11 millions. Tout le monde en demande quand la droite n'a pu produire qu'un progamme de six feuillets, dont les candidats investis n'ont même pas eu connaissance...

Bref, tout va bien. L'ambiance est au « c'est jouable ». Les socialistes ne croient pas encore vraiment à la victoire, car les sondages s'obstinent à annoncer la défaite. Mais « Lionel » est de bonne humeur. Et ça c'est un signe.

10

Mutinerie au FN

En perte de vitesse au sein du Front national, Le Pen tente le pire. Après moult hésitations, il renonce à se présenter. Pour occuper la scène, il s'apprête à appeler à voter socialiste. Son numéro 2, Bruno Mégret, lève l'étendard de la révolte...

Le 12 mai, Le Pen tape du poing sur la table et lâche le morceau : « Je préfère une Assemblée de gauche à une Assemblée de droite. (...) Et s'il y a quelqu'un qui conduit la campagne des élections législatives, c'est bien moi ! », clame-t-il sur Europe 1. En officialisant sa « stratégie du pire », le leader d'extrême-droite joue sa dernière carte pour rester dans une course législative à laquelle il ne participe pas lui-même. « Le mouvement lui échappe, il ne peut plus que pratiquer la politique de la terre brûlée... », analyse alors un membre du FN. La mainmise de Bruno Mégret sur l'appareil s'est affermie depuis sa victoire municipale, par procuration conjugale interposée, à Vitrolles en février et au congrès de Strasbourg, qui a suivi fin mars. Sa contre-attaque va démontrer à Le Pen que les temps ont changé.

Dès le soir du 21 avril, le président du FN a flairé le danger. Planté devant son poste de télé au siège du parti à Saint-Cloud, Le Pen fulmine en regardant Jacques Chirac annoncer la dissolution : « Quel escroc ! Ce type est un arnaqueur ! » Le FN se préparait pour une campagne longue sur fond d'échéances européennes délicates, le voilà pris de vitesse. Pis, lui même ne sait toujours pas où concourir. Depuis le début de l'année, lors de trois réunions du bureau politique, le leader d'extrême-droite a pourtant averti ses lieutenants qu'il « sentait un parfum d'élections anticipées ». « Mais personne n'a cru son flair, on pensait qu'il voulait simplement maintenir le mouvement en ordre de bataille », reconnaît Franck Timmermans, responsable des fédérations. Si bien qu'en ce printemps, rien n'est prêt. A l'exception d'une chose : un meeting prévu de longue date à Boulogne-Billancourt pour soutenir le candidat du crû.

Premier coup de bol pour Bruno Mégret, c'est lui qui doit l'animer. Flanqué de son épouse, il arrive vers 20 heures 30 à la salle des fêtes sous les « Vitrolles ! Vitrolles ! » de quelque 500 supporters. La veille, lors de la première réunion de l'état-major de campagne, Le Pen a choisi le slogan : « Les sortants, sortons-les ! » Mégret s'y tient, prononce un discours très anti-Chirac et donne le coup d'envoi officiel de la campagne du FN. Il va s'efforcer de ne pas en lâcher les rênes.

Le Pen, lui, se débat avec son propre sort. A part Mégret, rares sont les dirigeants frontistes qui l'encouragent à se présenter. De ses filles au secrétaire général Bruno Gollnisch, une grande majorité lui conseille de « ne pas prendre le risque de s'affaiblir au sein du mouvement » avec une nouvelle défaite. A Nice, son ami Jean-Pierre Schénardi est chargé de « geler » la 3e circonscription des Alpes-Maritimes.

Le 24 avril, lors de la présentation des candidats FN, Le Pen maintient le suspense : « Dans mon parti, tout le monde serait ravi de me céder sa place... à quelques très rares exceptions près, peut-être le délégué général... » Mégret ne cille pas, attend que Le Pen et Gollnisch quittent la pièce, et se rue vers les journalistes, tout sourire, pour indiquer que « la question ne se pose pas ». Le Pen attend le résultat d'un sondage testant sa candidature à Nice. Il tombe le 29 avril : désastreux, il n'a décidément aucune chance de se faire élire député au scrutin majoritaire. Il envisage de laisser simplement passer la date du dépôt des candidatures, le 4 mai à minuit. Finalement, il avoue sa dérobade en catimini le 30 avril au soir sur France Info. Le lendemain, il n'en souffle mot lors de son traditionnel discours du 1er mai, place de l'Opéra. « Il voulait en faire un non-événement pour en désamorcer l'effet », confie l'un de ses proches. De nombreux cadres ne comprennent pas sa décision : en interne, son retrait passe vite pour une préretraite.

Dès lors, façon grossière de tenter de garder la

main, Le Pen descend du parc de Montretout, sur la colline de Saint-Cloud, où trône son cabinet, au siège du FN, rue Vauguyon, 300 mètres plus bas. Il nomme son chef de cabinet, Bruno Racouchot, directeur adjoint de la campagne avec pour mission de surveiller Bruno Mégret, assaille les candidats de directives et de conseils – « on l'avait sur le dos sans arrêt », se lamente l'un d'eux –, s'occupe des commandes d'affiches et de tracts et va jusqu'à pointer les heures d'arrivéc dcs uns ct dcs autrcs. Pour tenter de peser sur l'issue d'un scrutin qui lui échappe, il se lance aussi dans une dangereuse surenchère antigouvernementale qui lui fait souhaiter la victoire de la gauche. Le lundi 12 mai au matin, en réunion du comité de campagne, Bruno Mégret le met en garde : « Nous ne devons pas repousser les électeurs de droite susceptibles de nous rejoindre et il est essentiel que l'on ne porte aucune responsabilité dans l'échec possible de la majorité. » Le lendemain, convaincu que Le Pen mène le FN « dans le mur », il décide de « bouger ». Mégret décroche son téléphone et appelle quelques-uns de ses fidèles : « Il y a un problème. Le Pen s'apprête à appeler à voter à gauche. » « On ne peut pas le laisser faire ! il faut contrer Pinpin (surnom de Le Pen pour ses détracteurs au sein du FN, ndlr) », lui conseille l'un d'eux.

Le soir même sur France 2, Le Pen remet ça. Il se réjouit que « Lionel Jospin soit moins hystériquement européiste que Jacques Chirac » et n'exclut même pas d'appeler à voter pour des candidats communistes au second tour. Ces embardées vers la gauche risquent de faire perdre Mégret dans les Bouches-du-Rhône où il a besoin d'un bon report des voix de droite pour détrôner le sortant PS. Pis, elles menacent de mettre à bas ses rêves de « relookage » du FN qui, pour accéder un jour au pouvoir, devra en passer par des alliances.

Le jeudi 15 mai, de passage à Nantes pour l'un de ses douze meetings régionaux, Le Pen s'inquiète auprès de son gendre Samuel Maréchal, adjoint du secrétaire général Bruno Gollnisch, des réactions des militants à ses clins d'œil à Jospin. « Pas de problèmes, rien de négatif, président », le rassure le dévoué Maréchal. La base, pourtant, tangue sérieusement.

Dans les Bouches-du-Rhône comme dans les Alpes-Maritimes, les militants, en mal d'explication, assaillent les fédérations. De nombreux candidats téléphonent à Montretout : « C'est catastrophique, on nous interpelle sur les marchés, nos électeurs n'y comprennent plus rien ! » Les 16 et 17 mai, la polémique enfle au parti. Les réunions de l'état-major de campagne se tendent. Le chef de file des catholiques traditionalistes, Bernard Antony, comme le responsable des élus, Jean-Yves Le Gallou, ou Franck Timmermans montent au créneau : « Hors de question de faire preuve de complaisance pour les socialistes et les communistes qui restent nos ennemis irréductibles. » Pendant deux jours, Mégret passe des coups de fil en province, prend le pouls de l'appareil, et mesure l'étendue du malaise. Le « maire consort de Vitrolles », comme le surnomme Le Pen, prépare sa riposte. Ensoleillé, le week-end de la Pentecôte s'annonce sanglant.

Le dimanche 18 mai, sur France 2, Mégret sort du bois : « La gauche n'est pas la solution pour notre pays » parce qu'elle « préconise le droit de vote pour les immigrés et la régularisation des clandestins ». Surprise, le soir même, sur France 3, Bruno Gollnisch abonde dans le même sens et habille son mouvement d'humeur de sa fidélité au « président » : « Jamais Jean-Marie Le Pen n'a dit qu'il allait appeler à voter socialiste. »

Le lendemain, Mégret enfonce le clou lors d'une conférence de presse impromptue au siège du FN, manière de montrer qu'il prend les commandes du « paquebot », surnom du grand bâtiment blanc qui abrite la direction frontiste. « Il n'est pas question pour nous de faire voter à gauche parce qu'elle a initié la mondialisation, Maastricht, qu'elle est le pourvoyeur de l'immigration et qu'elle est à l'origine de la corruption qui gangrène notre pays. » Le mardi 20 mai au matin, Le Pen s'incline et « s'explique » devant le comité de campagne. Ce sera la dernière réunion de l'état-major. Le soir, en meeting à Toulon, il fait amende honorable et lance : « Je ne vais pas voter pour le parti socialiste ! » Son numéro 2 l'a fait plier. Changement d'époque ?

11

L'élan des zizanies

A un mois du scrutin, Juppé et ses troupes n'ont toujours pas d'idées. Pour l'affiche de campagne, il faut une semaine de réunions entre ténors avant que le Président ne tranche.

Exit l'annonce de la dissolution. Vive la campagne. Avec son petit côté obsessionnel, Alain Juppé règle tout comme sur du papier à musique. Tous les lundis, dîner à Matignon des collaborateurs des ténors de la droite ; mardi matin, comité politique au QG de campagne, remplacé parfois par un déjeuner ; mercredi, petit déjeuner des mammouths RPR-UDF. Plus tous les matins de la semaine, à 8 h 30, pour donner le *la,* réunion de la cellule politique Elysée-Matignon au pavillon de musique de la rue de Varenne. Mais le rêve tourne vite au cauchemar.

Première chimère : le choix du local. Nouveauté, le RPR et l'UDF sont d'accord pour avoir un QG commun. Patrick Stefanini, bras droit de Juppé et codirecteur de la campagne, flanqué, pour l'UDF, du léotardien Renaud Donnedieu de Vabres, jette son dévolu sur un ancien restaurant de poissons, kitsch à souhait, avenue George-V, qui a fait faillite plusieurs fois : La Daurade, vite surnommé la « Poissonnerie ». François Bayrou, président de Force démocrate, tique. Trop bourgeois, ce quartier, à deux pas des Champs-Elysées. Les râleurs n'ont rien à dire, c'est le RPR qui paie. Et le Château qui supervise.

Le jeudi 24 avril, les 29 membres du comité politique se réunissent pour la première fois à la « Poissonnerie ». Juppé mène la danse. Il réexplique la thématique de la campagne. Jusqu'au bout, il tentera, sans vraiment y réussir, de résoudre cette « vraie difficulté de la campagne, la différenciation entre continuité et changement ». Pour contrer la proposition de Lionel Jospin d'un face-à-face télévisé avec le Premier ministre, François Léotard, président de l'UDF, lance l'idée d'un débat PS-PCF contre RPR-UDF : « Nous pensons pareil, les autres sont divisés. » Un rien solennel, Hervé de Charette, ministre des Affaires étrangères, cogite tactique : « Il faut éviter deux mots qui font mal : libéralisme et euro. » Charles Pasqua raisonne durée : « Comme les collectivités locales, le pouvoir a besoin de temps, c'est la vraie raison de la dissolution. » Juppé opine : « A la limite, après toutes ces périodes d'alternance politique, on pourrait dire : quoi de neuf ? La continuité. » Nicolas Sarkozy, le député-maire de Neuilly, qui fait une fixette sur les candidats villiéristes, est inquiet :

« Il faut que, dès la semaine prochaine, on ait des objectifs précis, des propositions précises. »

Le 29 avril, pas davantage d'idées. Mais Juppé présente l'affiche de la campagne réalisée par le cabinet Dudan. Soleil levant sur l'an « 2000 », avec un petit bout de terre sur une mer d'huile. Trois jours plus tôt, Claude Chirac, son fils Martin dans les bras, et Jacques Pilhan, les conseillers en communication du chef de l'Etat, sont venus dans le plus grand secret l'exhiber au QG, dont toutes les fenêtres donnant sur l'avenue ont été couvertes de papier kraft pour masquer leur présence. La fille du Président l'a trouvée « géniale ». Extase de Pilhan, assis par terre : « C'est géant. » Le comité politique, lui, est nettement moins enthousiaste. Jacques Toubon, le garde des Sceaux : « Ça fait : nage, si tu veux aller là-bas. » Nicolas Sarkozy : « C'est Tahiti douche. » Simone Veil : « Ça donne l'impression qu'on va tout remettre à l'an 2000. » Pasqua : « Les couleurs sont trop fades. » Léotard : « Faudrait rajouter des humains. » Le camaïeu est recalé. Puis, la question des investitures évacuée, le débat tourne autour du discours à tenir après la victoire du travailliste britannique Tony Blair, le 1er mai. Juppé a sa réponse : « Blair n'est pas socialiste. Il est beaucoup plus libéral que nous. Faut l'opposer à Jospin. »

Le 6 mai, affiche deuxième version, trois mains dont une d'enfant, tendues vers le ciel, appelée par certains « Au secours, on se noie », et par d'autres « l'affiche Dutroux ». Juppé laisse entendre que

Chirac l'a choisie. Elle est donc acceptée. Son slogan, « l'élan partagé », est dissimulé par un bandeau pour ne pas déflorer le titre de la tribune que Chirac publie le lendemain dans quatorze quotidiens de province.

A moins de trois semaines du premier tour, le « il faut » est toujours de rigueur. « Le PS attaque et monte dans les sondages. Il faut être plus pugnace, même si certains considèrent que c'est mauvais pour notre image. Il faut attaquer Jospin sur son revirement sur l'Europe », martèle le maire de Bordeaux. Léotard : « Il faut présenter le scénario du pire, ce que donnerait dans un mois un gouvernement PS-PC. » Sarkozy : « Il ne faut surtout pas en parler, car ça voudrait dire qu'on envisage de perdre. » Bayrou est sur la même ligne. Mais pas Juppé. Sarkozy, inquiet, constate : « On n'est pas encore arrivé à expliquer la dissolution. Pourquoi ? Parce qu'on n'a pas de grand projet. » Bayrou enchaîne : « On a des mammouths qui partent dans leurs circonscriptions, alors que le PS fait une bonne campagne car Jospin est l'élément fédérateur. Agiter le danger PC ne marche pas... Mes amis, renonçons à l'individualisme pendant trois semaines. » Juppé : « Vous vous trompez, les thèmes du PS ne marchent pas et les socialistes ne font pas une bonne campagne. »

Réunion du 13 mai : le Premier ministre feint le même optimiste : « La campagne porte ses fruits. Il faut l'intensifier, mais le premier tour sera décevant à cause de la dispersion des candidats. »

Léotard : « Les mauvais sondages sont bons pour nous, car ils remobilisent notre électorat. » Bayrou : « Je trouve ces sondages très optimistes car ils montrent un bon report des voix FN sur nous. » Le débat tourne vite sur l'attitude à adopter face au FN. Toubon : « Il ne faut pas parler de Le Pen, qui a été baisé par l'annonce de la dissolution. » Sarkozy n'est « pas d'accord : le FN est présent sur le terrain, mais Le Pen vient de faire une erreur en disant qu'il préférait une majorité de gauche. Il faut en profiter en demandant aux électeurs s'ils veulent une politique d'immigration de gauche, et à Jospin s'il est content du soutien de Le Pen ».

En principe, les comités politiques sont censés s'occuper de stratégie. Jusqu'au bout, ses membres se poseront des questions sans apporter de réponses. Les petits-déjeuners des mammouths, les mercredis à 8 h 30, ne fonctionnent pas mieux. Jamais Séguin, Balladur, Bayrou, Léotard et Madelin ne se retrouveront au complet autour du Premier ministre. Même pas pour une photo, au grand dam de l'Elysée. Le premier jour, tous se paient même le luxe d'arriver en retard, laissant Juppé poireauter seul une demi-heure devant ses croissants. Quant à Séguin, après une apparition, il ne met plus les pieds à cette réunion.

Qu'importe, la direction de la campagne s'organise tous les matins, dans le « pavillon de musique », dans le jardin de l'Hôtel Matignon, squattérisé par Dominique de Villepin, secrétaire général de l'Elysée, Claude Chirac, Jacques Pilhan,

Maurice Gourdault-Montagne, et Agathe Sanson, l'attachée de presse du Premier ministre. Ils sont rejoints très vite par Jean-François Copé, l'un des mousquetaires de Juppé, bombardé porte-parole de la campagne, sans que Jean-François Mancel, secrétaire général du RPR, en ait été informé. Là encore, ça papote, ça épluche les sondages, les déclarations des leaders de gauche, les réponses *ad hoc*. Sans qu'il y ait ensuite le moindre relais.

Jacques Chirac, lui, se trouve dans les cuisines. Le chef de l'Etat appelle à plusieurs reprises Claude Goasguen, secrétaire général de l'UDF. Jamais pour discuter de stratégie. Uniquement pour parler terrain, détails : « Quel suppléant dans quelle circonscription ? Est-ce qu'on donne tout le soutien à untel ? » Le Président téléphone quatre fois sur le portable de Madelin pour le prier de soutenir Goasguen plutôt que Mesmin, dans le XVIe arrondissement de Paris. Du coup, le président d'Idées-Action joint Goasguen : « J'ai eu ton directeur de campagne. » – « Qui ? » – « Ben, Chirac. »

Le chef de l'Etat a ses trucs. A Dominique Baudis, le maire de Toulouse, il confie : « Tu sais comment on fonctionne, nous les gaullistes ? En réseau. Pour mesurer l'état de l'opinion, je ne me fie pas aux sondages, aux préfets, aux RG, au RPR ; j'ai un correspondant dans chaque département. » Baudis insiste pour connaître son interlocuteur toulousain. Finalement, il obtient sa réponse : c'est Pierre Fabre, l'homme des laboratoires pharmaceutiques, l'une des plus grosses fortunes de France.

En principe, l'intendance devrait suivre. Les collaborateurs de Juppé, Séguin, Léotard, Bayrou et Madelin dînent ensemble tous les lundis soir à Matignon avec Maurice Gourdault-Montagne, pour régler les meetings, les problèmes de communication, les passages télé. Madelin les a surnommés les « Jacquouille », en référence au sobriquet du valet du film *Les Visiteurs*. Le 28 avril, les « Jacquouille » n'ont qu'une obsession : comment occuper médiatiquement les ponts du 1er mai, de l'Ascension et de la Pentecôte. Personne n'a vraiment d'idées. Agathe Sanson imagine une « opération jeunes à vélo », une grande fête champêtre. Finalement, Isabelle Juppé, la femme du Premier ministre, ira à la Fête des boulangers, au bras du ministre des PME, Jean-Pierre Raffarin.

Au deuxième dîner, le 5 mai, Gourdault-Montagne est remonté comme une pendule : « Les sondages sont bons, les socialistes sont mauvais. » Au troisième dîner, le 12 mai, Manuela Isnard, attachée de presse de Séguin, explique qu'elle ne viendra plus : elle « n'a pas de temps à perdre ». Gourdault-Montagne commente le « faible impact » de la tribune de Chirac dans la presse. Le 19 mai, l'ambiance est morne. Donnedieu de Vabres, entre deux récits de sa campagne à Tours, s'inquiète de la montée en puissance de Séguin. Il prend à part Gourdault-Montagne : « Ne le laissez pas faire. Un trou de souris serait encore trop grand pour lui. »

Tout le monde se méfie de tout le monde.

L'UDF reproche au RPR de tout décider. Chirac, Juppé et Villepin s'agacent de voir Séguin bouder sous sa tente à Epinal, Madelin jouer les autistes en Bretagne, Bayrou faire le service minimum et les deux directeurs de campagne, Stefanini et Donnedieu de Vabres délaisser le QG pour bétonner leurs circonscriptions. Mais tous, les yeux rivés sur les sondages, croient encore, dur comme fer, à la victoire.

12

Le spleen de l'Ascension

Mi-mai, la gauche traverse un passage à vide. Des éléphants parlent de travers, Hue s'énerve contre le PS, Jospin ne dit plus « c'est jouable », mais « rien n'est joué ». Finalement, le blues sera de courte durée.

Soudain, Lionel Jospin attrape un coup de blues. Un moment d'abattement. Le lundi 12 mai au soir, à Metz, le numéro 1 du PS boucle une journée dans l'Est, débutée à Reims. Au restaurant de l'hôtel Bleu Marine, après avoir dîné avec son staff rapproché et les hiérarques socialistes du coin, il se laisse un peu aller devant quelques journalistes. Un verre de mirabelle à la main offert par le patron, il confie son spleen. Chirac l'énerve, la droite se comporte comme une bande de voyous, lui-même se sent un peu seul, tel un chef d'état-major cavalant par monts et par vaux, pour aller prêter main forte à des troupes peu aguerries... Il semble loin, ce début de campagne, il y a trois semaines, quand tout semblait sourire aux socialistes.

Maudit week-end de l'Ascension. Jusque-là, la

gauche avait quasiment fait un sans-faute. La voilà qui se met à cumuler bourdes, erreurs, contretemps. Et l'effet est immédiat sur les sondages. Ils plongent. Certes, ils n'ont jamais prédit la victoire de l'opposition, mais tout indiquait que le scrutin serait serré. Cette fois, il semble que la droite creuse l'écart. Il y a un peu de nervosité au QG de campagne, rue de Vaugirard. « De la parano », nuance Dominique Merchez, l'attaché de presse de Jospin.

Tout a commencé à dérailler avec la « lettre » que Jacques Chirac a écrite aux Français. Une missive qu'il a réservée à quatorze quotidiens régionaux dûment sélectionnés. Les exclus sont furieux et leurs éditorialistes le disent. Les quotidiens nationaux, eux, se sont procuré le texte. Pour le chef de l'Etat, l'opération est ratée. Jospin se laisse alors convaincre par ses « communicants », Jacques Séguéla en tête, de « répondre » au Président. Plusieurs de ses proches tiquent, flairent la fausse bonne idée. Ils n'obtiennent gain de cause que sur un point : la tribune jospinienne sera distribuée à tous les journaux qui le souhaitent, et non pas publiée seulement dans le trop institutionnel journal *Le Monde*, comme l'avait d'abord envisagé le patron du PS. Problème, la réponse est mollassonne. « Chirac-Jospin, match nul », titre *Libération*... L'équipe de campagne n'apprécie pas, son chef encore moins, le résultat est médiocre.

Comme une mauvaise nouvelle n'arrive jamais seule, les proches se mettent à déraper, les moins proches renouent avec la tradition des petites phrases assassines. Laurent Fabius, avec qui Jospin a jusque-là entretenu des relations courtoises et respectueuses – au lieu de l'appeler directement au téléphone, comme tout le monde, le conseiller général de Cintegabelle fait toujours demander au préalable s'il peut joindre le député de Seine-Maritime –, s'inquiète une nouvelle fois de la « présidentialisation » de la campagne. Et affirme qu'il ne faut pas confondre une élection présidentielle et des législatives. Le porte-parole du PS, François Hollande, laisse entendre qu'il n'est pas exclu d'envisager « avec pragmatisme » la situation des entreprises nationalisées u secteur concurrentiel – et donc de les privatiser partiellement. L'ancien Premier ministre Michel Rocard émet publiquement des doutes sur la création de 350 000 emplois publics en faveur des jeunes, promis par le programme socialiste. Les mitterrandistes s'émeuvent de l'absence des dirigeants du PS à Château-Chinon, pour célébrer, le 10 mai, le 16e anniversaire de l'élection de François Mitterrand à l'Elysée. Roger Hanin se fâche et parle d'« hypocrisie » à propos du dépôt d'une gerbe de la part du premier secrétaire. Enfin, les communistes s'en mêlent. Place du Colonel-Fabien, on en a ras la casquette. Motif : Jospin et les siens ne cessent de clamer que c'est leur programme et pas un autre qui sera appliqué en cas de victoire. Faisant fi, juge la direction communiste, de la « déclaration commune » signée par les deux partis le 29 avril. Le 8 mai, au retour d'un séjour dans le Pas-de-Calais, le plus orthodoxe de ses bastions, Robert Hue craque et dénonce à la télévision l'« hégémonisme » du PS. Les fabiusiens jouent les pompiers : « Provoquer les communistes avant le premier tour, vous êtes devenus fous. » Mais les rapports ne s'enveniment pas. « On a parlé et on a trouvé un arrangement : Jospin assure qu'on pourra discuter », raconte Pierre Blotin, en contact permanent avec les dirigeants socialistes, en particulier Jean-Christophe Cambadélis. Le spectre de 1977 – la rupture de l'union de la gauche – finit bientôt par s'éloigner.

Au lendemain de ce week-end fatal, juste avant de s'envoler vers Metz, Jospin éprouve le besoin de recadrer les débats. C'est chose faite devant un bureau national du parti, transformé en « conseil de campagne ». Les troupes sont nerveuses. Ça sent le règlement de comptes. Le premier secrétaire peut dire ce qu'il veut, les responsables du PS, qui jusqu'à présent étaient convaincus d'avoir fait une bonne campagne, commencent à trouver que, tout compte fait, le programme n'est pas fameux et que les 700 000 emplois pour les jeunes sont invendables. Pierre Moscovici regrette qu'il n'y ait pas de « ligne directrice » sur le social. Daniel Vaillant et Martine Aubry s'en prennent à Dominique Strauss-Kahn, père spirituel des fameux 700 000 emplois.

En aparté, le fabiusien Claude Bartolone dispense ses conseils au premier secrétaire : « Sers-toi de ta tronche. Dis leur : Est-ce que j'ai une tête à ne pas tenir mes promesses ? » Jospin, enfin un peu déridé : « J'avais cru me débarrasser de ces trucs de parpaillot à l'âge de 12 ans. » Finalement, le bureau national décide qu'il est urgent de « recrédibiliser » le programme. Séguéla approuve. Jospin part pour sa virée électorale de quarante-huit heures dans l'Est avec cette idée en tête. Il vient de traverser une rude passe. Publiquement, il dit que « rien n'est joué ». Il y a quelques jours, il pensait que c'était « jouable ». Nuance. Normal donc que le 12 mai au soir, à Metz, il ressente une petite baisse de régime, même si la fatigue de cette campagne, tout à la fois marathon et sprint, explique en partie ce passage à vide.

Une partie de son équipe n'est pas d'accord avec ce qui a été décidé lors du comité de campagne : « recrédibiliser » un programme, c'est avouer que celui-ci n'était pas très crédible. Elle s'emploie à en convaincre Jospin. Lequel finit par s'en persuader. Dès le lendemain, il change de ton : plus question de s'attarder sur une quelconque justification, posture trop défensive. La page est tournée. Dans deux jours, Jospin s'adressera aux jeunes. L'heure est à la reprise de l'offensive. Les sondages qui suivent ne confirment pas l'embellie de la droite. La gauche reprend du poil de la bête. Les amis de Fabius recommencent à faire des sourires à ceux de Jospin, et réciproquement. Et les alliés communistes redeviennent des modèles de courtoisie. Le mercredi 21 mai, Jean-Claude Gayssot, qui est chargé des relations avec les partis de gauche à la direction du PCF, joint son homologue socialiste, Jean-Christophe Cambadélis. « Nous voulons préparer le soir du premier tour. » C'est bon signe.

Rendez-vous est pris pour le samedi 24, veille du

premier tour. Le quatuor inséparable se retrouve. Il y a là Gayssot et Blotin, l'homme lige de Hue, et « Camba » et Vaillant, le numéro deux du PS. Le déjeuner est aux Buttes-Chaumont, dans le XIXe. « Je crois que vous voulez un endroit tranquille », s'amuse la patronne du restaurant en voyant arriver les quatre hommes. Au milieu du repas, le téléphone portable du n° 2 du PS sonne. « C'est Jospin qui vient de s'inviter à notre table », blague-t-il. Ça tourne à la rigolade. « Hue ne téléphone pas à son équipe ? se gausse le duo socialiste. La modernité est toujours de notre côté. » Blotin sort alors son portable : « Nous aussi, nous en avons un. » Un peu plus tard, Gayssot s'interroge à haute voix : « Est-ce que je serai élu ? » Cambadélis le rassure : « Non seulement tu vas gagner, mais tu seras ministre. » Tout baigne. La décision du « désistement républicain » est prise. Les quatre hommes conviennent encore d'un rendez-vous téléphonique Jospin-Hue, le soir du premier tour. Ce coup de fil n'aura jamais lieu : le téléphone « rouge » spécialement installé à la permanence de Jospin à Cintegabelle, en Haute-Garonne, refusera obstinément de fonctionner.

13

Juppé perd et passe

Dimanche 26 mai, la claque au premier tour. La victime expiatoire est toute trouvée. Lundi, le Premier ministre annonce son départ.

Difficile d'imaginer le pire. Ce dimanche 25 mai, à Bordeaux, Alain Juppé ne se fait aucune illusion sur ce premier tour. Il sera mauvais pour la droite. Il le sait et ne l'a pas caché. Mais, sûr de la victoire au final, il a déjà composé son futur gouvernement et rédigé les grandes lignes de son discours de politique générale, dont Alain Madelin, son éphémère ministre de l'Economie de 1995, a eu la primeur. Le Président est sur la même longueur d'onde. Après avoir voté à Sarran, son fief de Corrèze, il confie à quelques proches : « Il n'est pas question que je me sépare de Juppé. Ça serait se tirer une balle dans le pied. » L'amputation est pourtant proche quand tombent les premières fourchettes des instituts de sondage : gauche 42,10 %, FN 15,09 %, majorité (villiéristes et divers droite compris) : 36,16 %. Panique à bord.

A Matignon, dans le fumoir, la plupart des dirigeants du comité politique, qui partiront ensuite sur les plateaux télé, attendent depuis 19 heures le retour de Bordeaux de Juppé. Maurice Gourdault-Montagne, directeur de cabinet, est livide. Jean-François Copé, porte-parole de la campagne, est muet. François Bayrou, président de Force démocrate, se gargarise : « Ce n'est pas la politique du gouvernement qui a été condamnée, mais un style. » Nicolas Sarkozy le coupe : « Tu es plus cruel avec le chef du gouvernement auquel tu appartiens que moi qui n'en fais pas partie. » Yves Galland, ministre du Commerce extérieur, disjoncte : « Il faut qu'on se batte sur notre bilan, c'est comme ça qu'on va gagner. » Sarkozy l'allume : « Il n'est plus temps de parler bilan, mais de ce qu'on va faire après les élections. Ça aura le mérite de justifier la dissolution, qui n'a toujours pas été comprise, et ça nous permettra de parler, enfin, de la politique qu'attendent nos électeurs. »

L'arrivée de Juppé, à 19 h 50, ne détend pas l'atmosphère. « Il ne faut pas se couvrir la tête de cendres », déclare-t-il, en laissant entendre que le second tour est gagnable. Sarkozy, bien décidé à prendre les choses en main, vient à son secours : « Nous venons de prendre une véritable claque, il ne faut pas le cacher, et mobiliser notre électorat. » Juppé approuve. Il fonce à l'Elysée, où le climat est tout aussi pesant. Le Président ne dit rien. Dominique de Villepin, le secrétaire général, lui passe les dépêches de l'AFP et les commente en avalant tarte aux fraises sur tarte aux fraises. « Ah ! vous voyez, Madelin n'est même pas élu au premier tour. Et regardez Séguin, il n'a fait que 43 % », triomphe-t-il, trop heureux de les voir dans l'embarras. Juppé a la tête ailleurs. Cet échec, c'est le sien. Chirac le réconforte : « Ça forme le caractère ! » Il lui fait quelques suggestions pour sa déclaration télévisée. Juste après, un conseiller de l'Elysée commente : « Juppé sera buté demain. »

A 21 heures, le chef du gouvernement arrive à la « Poissonnerie », le QG de campagne RPR-UDF, où une tente vient d'être installée pour accueillir les militants. Devant les caméras, il tire les leçons de ce premier tour : « Les Français ont surtout voulu dire qu'ils attendaient un changement profond : nous devons entendre ce message (...). Pour gagner au deuxième tour, la majorité présidentielle doit mobiliser tous les citoyens qui aspirent au vrai changement... » Patrick Stefanini, secrétaire général adjoint du RPR, compte, machinalement, le nombre de fois où Juppé prononce le mot « changement » et pense : « Il se fait hara-kiri. » Résigné, Juppé joint ensuite Chirac pour lui demander ses impressions sur sa prestation et repart à Bordeaux.

Lundi 26 mai, branle-bas de combat à l'Elysée. Chirac jongle avec ses téléphones. Giscard, Monory, Barre, Balladur, Séguin lui réclament, tous, la démission du chef du gouvernement. Il écoute. Tôt le matin, Juppé, secoué par tous les commentaires acerbes, l'a déjà appelé pour la lui reproposer : « Ça ne va plus. Il faut tirer les conséquences et donner un nouveau départ à la campagne. Pour ça, il n'y a qu'une solution : il faut que j'annonce mon départ... » Propos qu'il résume quelques minutes plus tard sur le perron de la mairie de Bordeaux : « Si le seul obstacle à la modernisation et à la rénovation de la France est un choix de personne, je suis tout à fait convaincu que le président de la République saura faire le bon choix. »

Chirac s'y emploie. Coup dc fil à Gourdault-Montagne, alors en réunion des directeurs de cabinet. « Passez me voir. » Il est 11 h 30. Dans son bureau, le Président est en plein conciliabule avec Villepin, le sénateur Maurice Ulrich, l'un de ses plus anciens conseillers, Claude Chirac et Jacques Pilhan, chargés de sa communication. Silence. Puis Chirac explique à Gourdault-Montagne que la situation est compliquée, qu'il faut rectifier le tir de la campagne, qu'il doit rapidement parler à Juppé. L'homme de Matignon comprend, même si, à aucun moment, le nom de Séguin n'est évoqué. Il rentre rue de Varenne et fait passer le message. Juppé n'a pas besoin de dessin. Il joint Chirac. Son départ est entendu. A 15 heures, dès sa descente d'avion, il se rend directement à Matignon. Il coupe Gourdault-Montagne, qui veut lui narrer la réunion du matin : « Je vous arrête. Voilà ce que je vais dire : (...) Une nouvelle étape doit maintenant commencer. Pour la réussir, il faut des objectifs clairs. Nous avons une semaine devant nous pour mieux faire comprendre notre vision de l'avenir. Il faut aussi une équipe nouvelle, animée par un nouveau Premier ministre... » Une phrase, jugée trop brutale, est gommée. Avec son attachée de presse Agathe Sanson, Juppé s'interroge pour savoir s'il doit s'exprimer de Matignon ou du QG, et tranche pour cette dernière solution, avant de foncer à l'Elysée. Chirac écoute, n'a rien à redire au texte, mais la séparation s'éternise.

Pas frais, tous les ténors du comité politique poireautent à la « Poissonnerie » depuis 17 heures. François Léotard sait : en début d'après-midi, Chirac l'a mis au courant. Les autres s'interrogent sur la caméra installée dans la salle. Juppé arrive avec une demi-heure de retard. Debout, d'une voix blanche, il annonce sa démission. Au tour de la table, les épaules s'affaissent. Léotard est le premier à rompre le silence : « Je te témoigne ma loyauté, ma fidélité, mon admiration, ma reconnaissance. Ta décision t'honore. » Bayrou, souriant : « Alain, c'est pas tout. Il faut qu'on fasse une utilisation affective de ta déclaration. Il faut capitaliser ta démission, parce que, maintenant, ceux qui ont braqué les flingues sur toi depuis le début de la campagne vont se retrouver sans cible. » Moue de dégoût de Balladur.

Bayrou, pas démonté : « Il faut changer de style, ne plus faire de meeting, mais une campagne de proximité. Ta démission donne encore plus de poids à ce que va dire le Président entre les deux tours. » Juppé : « Je te rassure, le Président parlera plus tôt que prévu. » Suit une longue discussion sur le meeting prévu au Zénith à Paris. Bayrou est contre. Jacques Toubon, garde des Sceaux, est pour : « On vient de perdre un Premier ministre. Si on annule maintenant la réunion, bonjour la mobilisation. » Le problème du FN revient sur le tapis. Puis l'éternelle question : que faire ? Toubon : « Le retrait d'Alain, c'est une chose, mais, les gars, il nous manque un discours politique. » Juppé : « Il faut parler davantage de politique familiale, mettre l'accent sur l'éducation, opposer la liberté, l'initiative, au dirigisme des socialistes. » Bayrou : « A partir du moment où tu t'en vas, on ne doit plus hésiter à employer les mots : nouvelle équipe, nouveau style. » Toubon : « Il faut qu'on ait un discours de confiance. » Sarkozy : « Il faut jouer la trouille. Nos électeurs ont la trouille, il faut dire que tout est possible, y compris une victoire des socialistes. La démission d'Alain ne suffit pas : il faut parler d'une nouvelle politique et demander aux Français de nous donner une nouvelle chance. » Bayrou : « On a un problème de positionnement. J'ai appartenu à deux gouvernements qui se sont fait flinguer par leur propre camp. Sous Balladur, on parlait trop. Sous Juppé, on ne parlait pas assez. » Les intéressés apprécient. Mais, déjà, Juppé est ailleurs.

14

Séguin lancé dans le vide

Juppé sacrifié, le Président fait appel à Séguin pour diriger la campagne, mais sans lui promettre Matignon. Flanqué d'un Madelin revigoré, le pessimiste d'Epinal sent que l'Elysée a déjà la tête dans la cohabitation.

Epinal n'est pas Colombey-les-Deux-Eglises. Même si Philippe Séguin rêve de se poser en recours. Le 25 mai, soir du premier tour, campé sur son Aventin vosgien, le président de l'Assemblée nationale ne décolère pas contre « la petite équipe » de l'Elysée et de Matignon qui a « tout gâché ». Pessimiste dès le départ, il soupire : « Chirac ne pouvait pas me nommer pour un mois et me jeter après les législatives ? » Vœu pieux, puisque le chef de l'Etat ne lui a pas demandé de jouer le moindre rôle dans cette campagne, contrairement à la présidentielle de 1995. Il s'en plaint. Et brusquement se remet à espérer. Juste un peu.

Le lundi 26 mai, rentré à Paris, Séguin, installé dans son bureau de l'Hôtel de Lassay, passe au crible les résultats, circonscription par circonscription. A 11 heures, coup de fil de Jacques Chirac, le second de la matinée. Un peu désemparé, le chef de l'Etat lui annonce la démission d'Alain Juppé et veut son avis sur les chances de la droite. Séguin répond qu'il est toujours délicat « de changer de chef au milieu du gué », qu'il y a « peut-être un petit espoir de s'en sortir, mais que ça sera extrêmement difficile ». Accepterait-il de prendre les choses en main ? Le chef de l'Etat se montre très vague sur Matignon. Séguin sent qu'il est « un parmi d'autres sur la liste ». Et met les pendules à l'heure : « Non seulement c'est râpé pour la majorité, c'est râpé pour Juppé, mais il va y avoir du tirage au RPR. Juppé va devoir démissionner de la présidence. » Quelques instants plus tard, Séguin réunit son staff. Il pèse, soupèse ses chances, celles de la droite, mais échaudé par les promesses du chef de l'Etat, il lâche : « Je n'ai reçu aucune assurance formelle de Chirac. On ne bouge pas. »

Alain Madelin, lui, est pressé de reprendre le flambeau de la campagne qu'il a menée, seul dans son coin, après l'enterrement de ses thèses libérales. Le président d'Idées-Action téléphone à Séguin et joue les sirènes en pinçant la corde de la présidentielle de 1995 : « C'est nous qui l'avons gagnée. Si on ne repart pas, tout est foutu. Nous partageons les mêmes valeurs républicaines... » Rendez-vous est pris entre les deux hommes à l'Hôtel de Lassay à 13 heures. Pas pour déjeuner. Juste un tête-à-tête d'une dizaine de minutes.

Madelin : « Il faut qu'on fasse un meeting ensemble. » Séguin opine. Ils sortent leurs plannings, bookés, surbookés. Et finalement, ils tombent d'accord sur Chambéry, où le président de l'Assemblée doit tenir une réunion publique le mercredi soir, le lendemain de l'intervention télévisée du chef de l'Etat. Ils calent ensuite les thématiques de leurs discours. Au premier, l'Etat protecteur, au second, le libéralisme économique, histoire de ratisser large. Puis l'un et l'autre se chargent, chacun de son côté, de prévenir Chirac. Madelin apprend ainsi, à 15 heures, qu'Alain Juppé doit annoncer devant le comité politique sa prochaine démission.

Prémices de cohabitation. Séguin, lui, est déjà à Epinal, d'où il rend un hommage vibrant au Premier ministre, en vantant « son courage », « sa ténacité », « son panache » : « Une fois la bataille électorale achevée et la sérénité retrouvée, tous nos concitoyens mesureront mieux l'ampleur de l'œuvre accomplie. » Madelin n'est pas en reste. Et en profite pour affirmer qu'il est « parfaitement complémentaire » avec Séguin, qu'ils peuvent, à eux deux, assurer « la synthèse des convictions libérales et sociales ».

Mardi 27 mai, le compte à rebours du second tour est enclenché. Le premier étage de la fusée – Juppé – décroché, Séguin, qui se met à rêver à une courte victoire de cinq à six sièges pour la majorité, attend, maintenant, avec impatience, la mise à feu du second étage, l'allocution du chef de l'Etat. A

20 heures, il est devant sa télé après avoir organisé, en toute hâte, une réunion de terrain à Epinal. « Mes chers compatriotes.... Dimanche dernier, j'ai bien entendu votre message. Dimanche prochain, vous allez désigner une nouvelle majorité pour cinq ans. Ce choix va peser sur votre avenir... J'ai voulu, en provoquant des élections, ressaisir l'énergie nationale pour entraîner et convaincre, pour donner à la nation une force qui s'échappait. Ce projet, qui dessinera le visage de la France de l'an 2000, je vous le confie. C'est votre choix qui le fera vivre... » Le président de l'Assemblée nationale est accablé. Il attendait un appel à la mobilisation, un mot à son égard ; il vient d'assister aux prémices de la cohabitation. Son entourage partage la même déception.

Elle est d'autant plus grande que l'Elysée et Matignon ne jugent toujours pas utile de modifier le plan médias prévu. C'est Juppé, et non Séguin, qui vient sur les plateaux commenter les propos du chef de l'Etat, face au socialiste Dominique Strauss-Kahn. Ça grince. D'autant plus que l'Hôtel de Lassay n'apprécie pas de voir bloquer par l'Elysée, le jour même, une opération montée par trois députés, Olivier Darrasson (UDF-PR, Bouches-du-Rhône), Thierry Mariani (RPR, Vaucluse) et François Rochebloine (UDF-FD, Loire), pour réclamer la nomination de Philippe Séguin à Matignon.

Au Château, la tristesse est de rigueur. Le mercredi 28 juin, Chirac préside le dernier Conseil des ministres du gouvernement Juppé. Eloges de part et d'autre de la table. D'autres se font plus de soucis. Avec effarement, et alors qu'il prépare son meeting de Chambéry, Madelin découvre à 13 heures que Lionel Jospin doit assister, trois jours plus tard, à la finale du Championnat de France de rugby, dans la tribune officielle du Parc des Princes, aux côtés de Chirac, mais que Séguin, lui, n'est toujours pas invité. Facheux oubli qui peut faire effet de sens. Il joint aussitôt Jean-Pierre Denis, secrétaire général adjoint de l'Elysée, pour lui demander de réparer l'impair. Ce qui est fait.

Chirac, lui, a une autre préoccupation. Il tient absolument à ce que Séguin soit présent au dernier meeting de la majorité, prévu le jeudi au Zénith à Paris. Le président de l'Assemblée nationale a organisé le sien à Epinal avec René Monory, son alter ego du Sénat, et n'entend pas l'annuler. Ce mercredi donc, le chef de l'Etat téléphone à Madelin pour lui demander de convaincre Séguin. Le président d'Idées-Action est déjà au Bourget, où il attend dans son avion que se pose celui du maire d'Epinal. Séguin a à peine atterri que Chirac l'appelle. Pour parler en paix, le député-maire d'Epinal s'enferme dans les toilettes. Un de ses proches l'interroge à la sortie : « Chirac a-t-il fait un geste à ton égard ? » Séguin : « Le seul geste, c'est de m'inviter à un match de rugby. »

Les retrouvailles à Chambéry, avec Madelin, ont un petit air de présidentielle 95. Séguin feint de croire que « la mayonnaise commence à prendre ». A la tribune, il joue dans les graves : « Le premier tour a soldé les comptes. Au prix fort, certes, mais la majorité est aujourd'hui unie, clarifiée, libérée. » Il égrène un quasi-programme de gouvernement, « une feuille de route ». Il parle à la première personne : « Jamais je ne renierai la signature de la France... » Et assure : « Ce que nous devons proposer aux Français, c'est bien plus qu'une autre politique, c'est la politique tout court. » A l'Elysée, Dominique de Villepin, secrétaire général, s'occupe de joindre la direction du *Figaro* pour vendre en une le « ticket Séguin-Madelin ».

Finalement, Chirac obtient à moitié gain de cause. Le jeudi 29 mai, pour le dernier meeting unitaire de la campagne de la majorité, Séguin, devenu Premier ministre virtuel, apparaît, sur le double écran du *Zénith*, en duplex d'Epinal. La salle scande : « On va gagner, on va gagner. » Lui, lit son discours, couvert par le vacarme : « Le mouvement s'amorce. Dimanche, le pacte républicain sera définitivement scellé. » Il n'entend rien. Il n'a pas le retour-son.

Samedi 31 mai, dernier tour de piste. Séguin, fana de foot, assiste, campagne oblige à la finale de rugby aux côtés du chef de l'Etat, de Lionel Jospin et de Jean Tiberi, le maire de Paris, un peu à l'écart. Le lieu n'est guère propice aux confidences. Il s'agit juste de faire une image et de montrer les deux prétendants aux Français. Le dîner qui suit laisse aussi Séguin sur sa faim. A aucun moment Chirac ne lui parle de Matignon. Les Français l'y porteront-ils quand même ?

15

Robert Hue pris de gourmandise

Avec les bons résultats du premier tour, revient à gauche l'appétit du pouvoir. Jospin réfléchit à la composition d'un futur gouvernement. Les communistes cherchent à faire monter les enchères pour négocier leur participation.

Ce dimanche 25 mai, jour du premier tour, le comité de campagne socialiste est réuni depuis 17 heures, rue de Vaugirard. Tout le monde a son portable dans la main. Tremblements nerveux au moment de prendre les communications. Mais les nouvelles qui arrivent, les unes après les autres, sont plutôt bonnes. Quand Gérard Le Gall, l'expert électoral du PS, débarque sur le coup de 18 h 45 pour confirmer avec prudence ce que tous les participants ont déjà compris – c'est la gauche qui a gagné ce premier tour – l'assistance ne peut pas s'empêcher de rigoler.

L'objectif de la réunion est de définir quel sera le message de la gauche tout à l'heure sur les plateaux de télévision. Lionel Jospin est en duplex de son fief de Cintegabelle. Il donne le la : oui, la victoire est possible, la porte est ouverte, mais il faut, ce soir, rester modeste. Une heure plus tard, sur toutes les chaînes, Martine Aubry, Laurent Fabius et les autres déroulent le propos à l'unisson. Jusque-là, le premier secrétaire du PS devait faire ses preuves. Désormais, il est affranchi. Il est décidé que, les jours suivants, il fera moins de terrain. Lionel Jospin va prendre du temps pour réfléchir. Puisque la victoire s'annoncc, il doit commcncer à préparer son lendemain. L'entre-deux-tours pour lui, se résumera à une virée à Cintegabelle et à quelques réunions publiques. Pas davantage. Il décide, en particulier, d'éviter un grand meeting unitaire avec Robert Hue et Dominique Voynet.

Ce qui compte, c'est le dernier coup de rein. L'opération Mousquetaires est déclenchée dès le dimanche soir. Ce sont les « cow-boys » de Pierre Schapira, dentiste de profession et homme d'intendance par militantisme, qui en assure la logistique. L'idée en revient à Jack Lang. Lors d'un petit-déjeuner des « communicants » et des « politiques » à l'Holiday Inn situé en face des locaux du PS rue de Vaugirard, le maire de Blois s'exclame, à la veille du premier tour : « Les résultats vont être bons. Il faut aller partout ! » Mais où, à quel candidat donner un ultime coup de main ? Alain Richard se colle au décryptage des résultats pour savoir où peuvent se faire les « bascules ».

A trois heures du matin, le sénateur du Val-d'Oise et futur ministre de la Défense potasse sa carte électorale. « Je n'ai pas fini, dit-il à Schapira. Je rentre chez moi, tu auras toutes les circonscriptions ce matin à 9 h 30. » A 10 h 30, après avoir potassé toute la nuit, Alain Richard revient avec une liste d'une centaine de circonscriptions gagnables. L'opération Mousquetaires entre dans sa phase active ; les cow-boys de Schapira louent les voitures, les avions, préviennent les responsables socialistes locaux de l'arrivée imminente des commandos socialistes. Les quatre mousquetaires seront sept : Martine Aubry, Bernard Kouchner, Jack Lang, Dominique Strauss-Kahn, Catherine Trautmann, Jean-Marc Ayrault et Ségolène Royal. Quelques-uns, non retenus car jugés pas assez « médiatiques », font grise mine.

Mais, ce lundi 26 mai, l'humeur est à « la gagne » au comité de campagne. Laurent Fabius explique qu'il faut préparer des mesures pour le lendemain du second tour « car il y a des risques d'attaques contre le franc après la victoire ». Pour les socialistes, c'est le signe que le député de Seine-Maritime croit au succès. Pour la première fois, Lionel Jospin pense sérieusement à ce que pourrait être la composition de son futur gouvernement. Il s'isole dans son appartement parisien de la rue du Regard où Claude Allègre le rejoint chaque jour. L'ami géophysicien n'a jamais été aussi présent. Pour le meilleur et pour le pire.

Mardi 27, Jospin contacte Olivier Schrameck pour lui proposer de devenir son directeur de cabinet s'il entre à Matignon. Le secrétaire général du

Conseil constitutionnel, qui a déjà occupé les mêmes fonctions auprès de Jospin au ministère de l'Education nationale de 1988 à 1992, donne son accord le lendemain.

Le premier secrétaire commence alors à dessiner les contours d'un éventuel gouvernement. Parmi les critères constitutifs : le nombre et la place des femmes, l'absence des éléphants, le renouvellement des têtes. Jospin ébauche les premiers contacts avec les alliés. Jean-Pierre Chevènement sait qu'il en sera, il le dit à des proches. Les Verts cherchent à contacter la direction socialiste. A plusieurs reprises, Jean-Luc Bennahmias, l'un des proches de Dominique Voynet, demande une rencontre. Fin de non-recevoir au QG du PS. Jospin a déjà en tête que si un écologiste doit devenir ministre, ce sera Voynet, et personne d'autre. Alors pourquoi se perdre en vaines discussions ?

Les communistes, eux, se font plus nerveux. Une première fois, le 8 mai, Robert Hue avait dénoncé « l'hégémonisme » des socialistes. Entre les deux tours, la place du Colonel-Fabien éprouve à nouveau le besoin de donner de la voix. Motif : deux interviews de Jospin dans lesquelles il a refusé de se « prononcer sur la hausse des salaires et du smic ». L'un des entretiens accordés à *Ouest-France* a été réécrit par Claude Allègre... qui se fait proprement engueuler par Jospin. Il n'est d'ailleurs pas le seul à se faire passer un savon à cette occasion : toute l'équipe de presse en entend parler...

Premier coup de semonce, le jeudi 28 mai, *L'Humanité* republie opportunément la « déclaration commune » PC-PS signée le 29 avril à la Mutualité, façon de rappeler qu'elle n'est pas un chiffon de papier. Le lendemain, Hue et Jospin doivent se retrouver au marché de Blanc-Mesnil (Seine-Saint-Denis), pour soutenir Marie-George Buffet, la candidate communiste du coin. « Puisqu'on est ensemble, prenons un quart d'heure pour discuter », propose le leader communiste. La rencontre, dans une salle du centre culturel, se tient à quatre (Jospin, Hue, Jean-Claude Gayssot et Jean-Christophe Cambadélis, les « messieurs » relations avec les partis frères), devant des bouteilles d'Evian. Les deux socialistes, tranquilles comme Baptiste, sont cueillis à froid. Hue : « Les communistes sont prêts à entrer dans le gouvernement mais pas à n'importe quel prix. » Gayssot surenchérit : « Est-ce qu'on discute ou est-ce qu'on ne discute pas ? » Cambadélis : « Il y a eu la déclaration commune, on a déjà discuté. » Jospin se cabre : « Je ne suis pas un manœuvrier qui ne respecte pas ce qu'il a dit. Je ne dirai pas : " Les communistes nous ont aidé à parvenir au pouvoir et je les jette après. " Si, ce que je ne crois pas, nous, socialistes, avons la majorité absolue, nous aurons vocation à gouverner ensemble. Mais ne pensez pas une seule seconde que si nous avons la majorité relative, vous pourrez exercer un veto ou un chantage sur l'orientation politique du gouvernement. Vous n'en avez pas les moyens. Il faudrait que vous votiez avec la droite. » « Camba », en guise de conclusion provisoire, cherche à arrondir les angles : « Peut-être peut-on se voir samedi ? »

Samedi 30 mai. Salle à manger du comité national du PCF, place du Colonel-Fabien. Les communistes traitent leurs invités socialistes, Daniel Vaillant et « Camba ». « On va vous remettre un document, non pour dicter nos conditions à la participation, mais pour présenter nos propositions gouvernementales », explique le duo communiste lors du déjeuner. Le texte est articulé autour de six propositions (dont la hausse de 8 % du smic au 1er juillet, le relèvement des minima sociaux, la baisse de deux points de la TVA...). Inacceptable pour les socialistes. « Notre état d'esprit, c'est " la déclaration commune, toute la déclaration commune, rien que la déclaration commune ", d'une part. D'autre part, Jospin n'est pas Premier ministre et il ne peut accepter que Hue dévoile devant le comité national du PCF qui se tiendra, lundi, soit le lendemain de la victoire, la politique du gouvernement et qu'il la fixe », résume Jean-Christophe Cambadélis.

Le dimanche 1er juin, jour du second tour, Hue et Jospin ont rendez-vous au téléphone. Peu après 18 h 30, le premier appelle le second à Cintegabelle. Le numéro 1 socialiste sur un ton qui ne souffre guère la contestation : « J'ai lu votre texte, la plume à la main. Il vaudrait mieux qu'il ne soit pas publié car vous m'obligeriez à dire que je ne suis pas d'accord. Cela compliquerait votre travail de pédagogie interne. » La victoire qui frappe déjà à la porte, rend vaines les surenchères. Hue l'a compris qui va vite remballer son texte comminatoire. Bien tenté, Robert...

16

La victoire en jonglant

La gauche a gagné. Jospin est Premier ministre. Après la fête, la composition du gouverne-ment n'est pas une mince affaire. Réunir la gauche plurielle sans heurter les susceptibilités... en trois jours l'affaire est dans le sac.

Il est 19 h 30, ce dimanche 1er juin. Dans la soupente qui lui sert de bureau au premier étage de l'ancienne école municipale de Cintegabelle, Lionel Jospin prépare sa première intervention de vainqueur. Les petits nuages qui parsèment le papier peint de la minuscule pièce ne l'incitent pas au vagabondage. Cintegabelle n'est pas Château-Chinon. Qu'importe, Lionel Jospin, comme François Mitterrand, a porté la gauche au pouvoir. Belle performance. Le téléphone sonne. Au bout du fil, Philippe Séguin. « Ça semble clair, vous avez gagné. Je vous félicite », attaque le maire RPR d'Epinal. « Effectivement, ça se confirme, je vous remercie, monsieur le président », répond Jospin, courtois. Puis il change de ton : « Ça me fait plaisir de vous avoir au téléphone. J'en profite pour vous dire quelque chose qui me tient à cœur depuis la présidentielle. Vous avez un ton un peu désinvolte, une façon de parler de moi qui ne correspond pas à la manière dont je traite les hommes politiques. J'ai été candidat à la présidence de la République. Vous le serez peut-être. Je vous le dis, votre ton est assez désagréable. » Grand blanc sur la ligne. Jospin raccroche, plutôt amusé. « J'avais envie de lui dire ça depuis longtemps. » Ce soir, c'est la fête. Demain, les ennuis commencent : le cabinet à composer, le gouvernement à constituer, les susceptibilités à ménager, les premières décisions gouvernementales à arrêter...

Politique jusqu'au bout des ongles, Lionel Jospin commence par régler sa succession à la tête du PS. Le samedi qui précède la victoire, il a proposé sa place à Daniel Vaillant, son fidèle numéro 2. Celui-ci a refusé. Il a envie de changer d'air ; le PS, il connaît, il veut être ministre. Jospin comprend. Lui-même a vécu cela en 1988. Vaillant sera donc à l'Intérieur ou aux Relations avec le Parlement. Jospin, le samedi, laisse la question ouverte. En attendant, qui mettre à la tête du parti ? Sur le conseil de Claude Allègre, le premier secrétaire lance le nom de François Hollande, l'actuel porte-parole du PS. Vaillant trouve que c'est une bonne idée. Le lundi 2 juin, Hollande se voit proposer par Jospin le titre de premier secrétaire délégué jusqu'au prochain congrès du PS, en novembre. Le nouvel élu de la Corrèze est un peu déçu. Avec

Ségolène Royal, sa compagne, ils s'étaient mis d'accord : à lui, cette fois, les joies d'une fonction ministérielle, à elle, qui a déjà été ministre, celles d'un poste au Parlement. Mais comment refuser de devenir le patron du PS, ce qui est tout de même une sacrée mise en orbite ? Hollande sait ce qu'il advient des premiers secrétaires par intérim. Jospin n'a-t-il pas été celui de Mitterrand en 1981 ?

Le problème du PS réglé, le nouveau Premier ministre, qui, contre tous les usages, a lui-même annoncé sa nomination sur le perron de l'Elysée à peine sorti du bureau du chef de l'Etat, passe, ce lundi après-midi, à la confection de son gouvernement. Il l'a déjà en tête. Depuis quelques jours, il a demandé à deux hommes de confiance de réfléchir à son architecture : Claude Allègre, le confident, et Olivier Schrameck, devenu officiellement son « dir' cab' » à Matignon. Martine Aubry, « la madone des sections socialistes », est traitée avec égards : elle est la seule, avec la Verte Dominique Voynet, à avoir droit à un tête-à-tête avec le Premier ministre à son domicile parisien. L'adjointe au maire de Lille a des revendications. Elle n'acceptera un portefeuille à caractère « social » que s'il est doté de moyens financiers. Elle entend ainsi se dégager de la tutelle étouffante de Bercy. Elle souhaite aussi dissocier le « couple » Strauss-Kahn-Moscovici, (l'un promis à l'Economie, l'autre au Budget) qu'elle abhorre. Si ces vœux ne sont pas exaucés, elle se dit prête à ne pas faire partie de l'équipe. Jospin n'apprécie pas trop. Allègre verse du baume. Au final, Jospin concède à la fille de Jacques Delors un grand ministère social. Elle est le numéro 2 du gouvernement et obtient aussi de faire partie d'un conseil économique où elle siégera aux côtés de ses homologues de Bercy. Strauss-Kahn, lui, hérite du super-ministère de l'Economie dont il rêvait. Les « rocardo-aubryistes » se taillent la part du lion, avec Elisabeth Guigou et Catherine Trautmann à des postes clés. Guigou se retrouve à la Justice un peu par hasard. Jospin y aurait bien vu Catherine Trautmann, laquelle tenait à la Culture. Il l'a proposée à Delors qui l'a refusée avant de l'accepter. Trop tard. Au jeu des chaises musicales, c'est Elisabeth Guigou qui a été la plus rapide pour la place Vendôme.

Il y a ceux qui en sont et ceux qui tardent à en être. Pierre Moscovici se languit au Café de Flore à attendre que sonne son portable. Il a compris qu'il ne serait pas ministre du Budget ; il s'inquiète de n'être nulle part ou de ne se retrouver que simple secrétaire d'Etat. Le coup de fil salvateur ne vient que le mercredi 4, à quelques heures de l'annonce officielle de la composition du gouvernement. Et puis, il y a les premiers « déçus du jospinisme », parmi lesquels Jean-Luc Mélenchon, animateur de la Gauche socialiste. Jospin le joint le même mercredi matin pour lui proposer le secrétariat d'Etat au Logement. Mélenchon demande à réfléchir, discute avec son compère Julien Dray qui est dans son bureau. « Je ne peux pas accepter un secrétariat d'Etat, car la Gauche socialiste serait absente du Conseil des ministres », tranche-t-il. « Y a-t-il un autre camarade de la Gauche socialiste qui pourrait accepter ? », demande Jospin. « Ce qui vaut pour moi vaut pour les autres », rétorque Mélenchon. Une opposition est née. Le fabiusien Claude Bartolone refuse lui aussi l'offre qui lui est faite le mercredi matin : celle d'un secrétariat d'Etat à la Santé. « J'aurais fait comme toi », lui dit après coup Laurent Fabius.

Reste les alliés. Les Verts s'estiment mal traités. Ce n'est que dans la soirée de lundi que Jospin invite Dominique Voynet à passer chez lui. « Je veux que ça soit toi », lui dit-il. L'écologiste ne veut pas entrer au gouvernement, elle argue de son enfant en bas âge, elle veut aussi avoir une vie de famille. Elle suggère à Jospin de proposer le poste à Marie-Christine Blandin, la présidente de la région Nord-Pas-de-Calais. Jospin appelle l'intéressée, le mardi. Après réflexion, elle refuse à son tour, en dépit de la promesse qui lui est faite de la laisser présider la région. Le Premier ministre commence à être las des pruderies des écolos. Il téléphone le soir au siège des Verts et lance un ultimatum à Yves Cochet, l'un des porte-parole : « C'est Voynet ou rien. » Voynet est chez elle, à Dole. « C'est trop tard maintenant, il faut y aller, sinon, on va passer pour des gamins », lui disent ses amis. Elle craque vers 23 heures. Fin du (mini) psychodrame.

Côté communistes, les palabres n'en finissent

toujours pas. Robert Hue joue gros : s'il réussit à imposer la participation aux conservateurs de son parti, il aura parachevé sa prise de pouvoir au sein du PCF. Il lui faut donc un « signe » de Jospin pour l'emporter. Lundi midi, le « quatuor » des négociateurs – Daniel Vaillant et Jean-Christophe Cambadélis pour le PS, Jean-Claude Gayssot et Pierre Blotin pour le PC – se retrouve à la terrasse du restaurant Le Brasilia, place du Colonel-Fabien. La discussion tourne court : les duettistes socialistes ont en poche une feuille de route bien précise : ne rien céder. L'affaire ne peut être dénoué qu'au plus haut niveau. Le mardi, Hue se retrouve à 8 h 30 rue de Vaugirard, dans le bureau de Jospin. « Nous souhaitons des éléments de clarification », attaque-t-il. Jospin : « Je ne vois pas comment... » Les communistes présentent six grandes orientations pour un gouvernement « pluriel » : hausse du smic, des salaires, des minima sociaux... Jospin refuse de prendre des engagements écrits. Pour trouver une issue, Cambadélis suggère : « Et si ces propositions se retrouvaient dans la déclaration de politique générale que Jospin doit prononcer devant l'Assemblée ? » Les communistes, soulagés de sortir de l'impasse, disent oui. La gauche « plurielle » vient d'accoucher d'un gouvernement « pluriel ».

Jospin est son chef. Pour l'heure, incontesté. « Le pouvoir ne me changera pas », dit-il aux permanents socialistes qu'il réunit, le mercredi, rue de Vaugirard, pour un pot amical. « Ce n'est pas à 60 ans que je vais changer. »

17

L'ultime défaite

Retranché à l'Elysée, Chirac, assommé par l'ampleur du désaveu, n'a qu'une obsession : empêcher Séguin et Sarkozy de s'allier pour prendre le RPR. Juppé, qui a compris qu'il devait s'en aller, refuse de s'entêter avec le Président dans ce combat perdu.

La défaite avait beau être annoncée depuis le premier tour, le choc du second n'en est pas moins rude. Sitôt connues les premières estimations, l'Elysée disjoncte. Assommé, le chef de l'Etat n'a qu'un commentaire : « Puisque c'est ce que les Français veulent... » Puis il se mure dans le silence et les lambris de son bureau. Son entourage n'est guère plus prolixe. Le sénateur Maurice Ulrich, l'un de ses plus anciens conseillers, tente d'oublier ses certitudes de victoire des semaines passées. Pantalon marron et pull de laine sans manches, Jacques Pilhan, chargé de la communication avec Claude Chirac, s'enfonce dans une encoignure. Flamboyant la veille, Dominique de Villepin, le secrétaire général, perd de sa superbe. C'est le pestiféré, « Néron », comme le surnomme désormais Bernadette Chirac, qui l'accuse d'être le principal artisan de la dissolution. A fuir, donc. Le buffet qu'il a organisé dans son bureau est déserté. Celui de Bertrand Landrieu, le directeur de cabinet, qui a centralisé toute la soirée les résultats, fait, en revanche, le plein des conseillers du palais et l'emporte haut la main dans ce « référendum alimentaire » que ne boude pas l'épouse du Président. D'une main glaciale, celle-ci salue Villepin qui a fini par se rendre au « pot » de Landrieu. Courte apparition du chef de l'Etat. Et « coucouche panier ».

Philippe Séguin, lui, rumine. D'Epinal, il se dit « déterminé, définitivement déterminé à créer les conditions politiques [pour] refonder » le mouvement gaulliste. Rentré tard à Paris, il s'interroge avec ses proches sur la stratégie à suivre. Eric Raoult, ex-ministre de la Ville, ou le financier Marc Ladreit de Lacharrière lui conseillent de briguer la présidence du groupe RPR à l'Assemblée et non celle du mouvement, verrouillée par Alain Juppé. « Te trompe pas de combat. Le groupe, c'était celui de 1988. Maintenant, il faut attaquer le parti », plaident, en revanche, Roger Karoutchi, son chef de cabinet, et François Fillon, ex-ministre des P et T et réélu député de la Sarthe. Séguin écoute. Le lendemain, l'Hôtel de Lassay a tout d'une ruche. Dans le bureau de Karoutchi, François Fillon, épaulé par les députés René André (Manche) et Michel Bouvard (Savoie), Elisabeth Hubert, ancienne « juppette » chargée de mission à l'Elysée, et Jean de Boishue, maire de Brétigny-sur-Orge (Essonne). Tous préparent et faxent aux élus et responsables du RPR des communiqués de soutien à Séguin... à retourner signés. Les ralliements commencent à fleurir : deux proches de Chirac, François Baroin, conseiller à l'Elysée, et Hervé Gaymard, ex-secrétaire d'Etat à la Santé, ainsi que le balladurien Jacques Baumel viennent humer l'air. De temps en temps, Séguin sort la tête, grogne, puis s'enferme à nouveau.

Alain Juppé sait que, pour se maintenir à la tête du RPR, il lui faut, comme lors de la tentative de putsch Séguin-Pasqua de 1990, passer alliance avec les balladuriens. A 16 heures, après avoir congédié Jean-François Mancel du secrétariat général, il reçoit à Matignon le député-maire de Neuilly, Nicolas Sarkozy, et lui propose d'être le numéro 2 du RPR. Sarkozy, qui en rêve : « Et Séguin ? » Juppé : « Il aura la présidence du groupe. » A 18 heures, c'est au tour de Séguin d'arriver rue de Varenne. Le député-maire d'Epinal écoute Juppé lui exposer son schéma. Il ne se prononce ni pour ni contre ce « Yalta à trois ». Il attend de voir. A 20 heures, il a rendez-vous avec le chef de l'Etat. Et là, surprise. Chirac : « Philippe, j'ai pensé à toi pour le groupe et à Jean-Louis [Debré] pour le secrétariat général. » Séguin : « Ce n'est pas ce que propose Alain. Il faudrait que vous vous mettiez d'accord sur la même version. » De retour à l'Hôtel de Lassay, ulcéré qu'on ait osé lui présenter ce

« plat de lentilles », persuadé qu'il peut, enfin, enfoncer un coin entre un Juppé affaibli et un Chirac qu'il juge « très marqué, très déstabilisé », il lâche : « On fonce. » Roger Karoutchi est chargé d'organiser une réunion dans la proche banlieue parisienne, avec « des militants, des vrais, pas des employés municipaux ». Conseiller général des Hauts-de-Seine, ce dernier s'adresse à Charles Pasqua.

Le mardi 3 juin, Séguin franchit le Rubicon. Sans excuse, il annule son déjeuner avec le chef de l'Etat. Direction Suresnes. Là, l'ancien ministre de l'Intérieur a préparé une salle *ad hoc*. Devant une masse de drapeaux tricolores et un pupitre aux mêmes couleurs, le député-maire d'Epinal lance son appel : « Nous rénoverons notre mouvement. D'une façon ou d'une autre, nous saurons nous rassembler pour préparer d'autres lendemains. Il y en a assez d'un monde divisé entre ceux qui savent et qui décident et ceux qui doivent suivre. Nous reviendrons si nous savons nous rénover, nous rassembler. Merci de m'y aider moi-même. » C'est bref comme une déclaration de guerre.

A Matignon, Juppé ne décolère pas. Chirac, au téléphone, s'entête sur Debré, bloque sur Sarkozy : « Sarkozy, jamais ! Proposez-lui la présidence d'un comité de réflexion sur l'avenir de l'opposition. » A 11 heures, après avoir évacué, en dix minutes, la passation de pouvoir avec Lionel Jospin, le maire de Bordeaux va s'inscrire à l'Assemblée nationale et retrouve son bureau du quatrième étage de la rue de Lille, siège du RPR. Jean-François Mancel et Patrick Stefanini sont du même avis que lui : « Debré est la plus mauvaise solution. » Mais que faire ? A midi, dans le couloir, Nicolas Sarkozy attend d'être reçu. Il prévient : « Mon entretien avec Alain sera très bref. Je suis soit secrétaire général, soit président du groupe. Sinon, je pars et il y aura au moins quarante députés qui me suivront. Et on créera quelque chose avec Léotard. » Six minutes après, le député-maire de Neuilly claque la porte de Juppé qui, discipliné, lui a fait miroiter la présidence d'un comité de réflexion sur l'avenir de l'opposition : « Un mot de plus et ce sera irréversible... »

Le coup de sang du député-maire de Neuilly n'étonne pas Juppé. Sans alliance, plus de marge de manœuvre. La déprime le gagne en début d'après-midi. Il confie à son entourage : « Je ne peux pas négocier avec Séguin, il me ment tout le temps. Mon profond souhait, c'est de partir. » Laisser tout tomber ? Sa décision est quasiment prise. L'offensive de Séguin et de Pasqua ne le surprend pas. En revanche, elle secoue le chef de l'Etat qui joint Juppé peu après 15 heures. Chirac : « C'est une " chicaya ". Ce sont des putschistes, mais Séguin n'ira pas jusqu'au bout. Vous nommez absolument Debré secrétaire général et on fait élire Pons au groupe. C'est le seul qui puisse battre Séguin. Vous restez président, vous vous présentez aux assises du RPR sans le dire. Ne me refaites pas le coup du sacrifice du Premier ministre. » Juppé :

« Je ne me lancerai pas dans cette bataille perdue d'avance. Je suis courageux, mais je sors de cette campagne en lambeaux. A force d'enlever des lambeaux de peau, on va arriver au squelette. Je sortirai en charpie d'éventuelles assises. » Chirac insiste. Juppé résiste, répète : « Vous êtes mal informé sur l'esprit du groupe... On vous informe mal. » Et prévient : « Si Séguin est président, vous serez coincé entre lui et Jospin et vous ne terminerez pas votre mandat. »

La rupture est quasiment consommée. Juppé doute de Chirac. Ses proches, qui ont été quasiment tous battus dans leurs circonscriptions, sont partagés. Patrick Stefanini préconise la mise en place d'un comité de préparation des assises avec toutes les tendances. Jean-Jacques de Peretti, ex-ministre des DOM-TOM, pousse à fond pour une alliance avec les balladuriens : « Sinon, Sarkozy ira avec Séguin. » Jacques Toubon, ex-garde des Sceaux, qui pète la forme, défend les oukases du chef de l'Etat et emporte le morceau. Coup de fil de l'Elysée. C'est Maurice Ulrich. Il calme Juppé et annonce : « Je te faxe une proposition de déclaration. » Du Chirac pur jus. Juppé la lit. Et apporte une correction. Jean-Louis Debré se retrouve secrétaire général « par intérim ». Le temps presse. A 19 h 27, alors que François Léotard vient de donner sa démission de la présidence du PR, proposée à Alain Madelin, Juppé annonce publiquement, « dans les meilleurs délais » mais après septembre, la tenue d'assises extraordinaires où il remettra son mandat en jeu. Nicolas Sarkozy a déjà quitté depuis belle lurette l'Hôtel de Lassay où Philippe Séguin s'est entendu avec Edouard Balladur.

Pour juguler la conjuration, casser l'axe Séguin-Balladur, l'Elysée tente, le mercredi 4 juin, une dernière manœuvre. Faire miroiter la présidence du groupe parlementaire à Sarkozy et pousser en sous-main Bernard Pons. Patrick Stefanini est chargé de la commission. A l'heure du petit-déjeuner, il joint sur son portable le maire de Neuilly, qui est alors en train d'expliquer aux élus de sa tendance réunis dans un hôtel parisien l'accord passé la veille avec Séguin. Sèche réplique d'Edouard Balladur : « C'est un piège. » La manip n'est pas non plus du goût d'Alain Juppé. Il appelle Chirac, puis annonce à son staff : « Je ne m'occuperai pas de la présidence du groupe. Laissons jouer la démocratie interne. Je renonce à la présidence du RPR. Je convoque un conseil national pour le 11 juin où j'annoncerai mon retrait et la tenue d'assises. » A Debré de jouer le petit télégraphiste en tenant secrète la démission du maire de Bordeaux, lors du « pot de l'amitié », prévu à midi, à la Maison de la chimie, pour les nouveaux députés RPR. Les séguinistes, qui craignent une entourloupe, veulent avancer la date du conseil national. Fillon menace : « Séguin n'attendra pas. » Mis au courant en milieu d'après-midi, Juppé explose rue de Lille : « Je ne peux pas discuter avec Séguin. Mon opinion est désormais faite sur ce type. C'est un porc, un gros porc. Il m'a menti. Il a menti à Chirac. Je ne céderai pas sur le conseil national. Je ne l'avancerai pas. Je reste dans mon bureau tant que je suis président du RPR. Tant qu'il n'est pas président, ce porc ne s'assiéra pas ici. » La colère retombée, il lâche : « Chirac m'a refusé la proposition Sarkozy au secrétariat général et Séguin au groupe. C'était pourtant la seule solution qui m'aurait permis de me battre et peut-être de gagner. » Les regrets n'étant plus de mise, il s'envole pour Bordeaux. Mais l'Elysée ne désarme pas. Des contacts sont pris dans les fédérations pour voir comment est perçue une candidature Hervé Gaymard, député de Savoie, au secrétariat général.

Philippe Séguin, aidé de ses nouveaux alliés balladuriens, mène au canon son offensive. Le 10 juin, il est élu « à titre provisoire » à la présidence du groupe RPR de l'Assemblée nationale et Nicolas Sarkozy au bureau. Le député-maire d'Epinal a annoncé qu'il ne délaissera ce poste qu'une fois plébiscité à la tête du mouvement gaulliste. Le même jour, dans la soirée, Juppé réunit une dernière fois sa garde rapprochée avant le conseil national du lendemain. Après un tour de table, il refuse de retarder la date des assises prévues pour le 6 juillet : « On n'en a pas les moyens. Si on les repousse à septembre, il y a aura des élections internes et des batailles terribles. Je ne suis pas d'accord pour qu'on présente un candidat contre Séguin. La ficelle serait trop grosse et il serait considéré comme mon faux nez. Il faut qu'on existe par nos propositions. » Pessimiste, il note :

« Pris entre Jospin et Séguin, Chirac va être asphyxié personnellement et institutionnellement. Je ne sais pas si le RPR a encore un avenir. On a fait 15 %, et il y a un risque de voir certains de nos militants aller chez Madelin qui a le mérite de la cohérence. Il y a aussi une profonde aspiration de notre électorat pour des alliances avec le FN. J'y suis violemment opposé. C'est un problème d'identité et de morale. » Le lendemain, il tire sa révérence devant le conseil national. « A Athènes comme à Venise, on exécutait les stratèges vaincus. »

Les deux stratèges de la dissolution sont tombés. L'un est en exil à Bordeaux, l'autre à l'Elysée. Alain Juppé n'est plus que député-maire, Jacques Chirac, lui, a gardé son titre : il est toujours président de la République. Mais si affaibli que son ambition n'est plus de diriger la France mais de redevenir le chef de l'opposition.

Postface

Les pièges de la transmutation chiraquienne

Petit chimiste de la Ve République, Jacques Chirac a vu la dissolution de confort qu'il s'était bricolée lui exploser au nez. Cette arme atomique inscrite dans la Constitution de 1958, ses prédécesseurs s'étaient bien gardés de l'utiliser, trop conscients que, lorsque les bornes de la dissuasion nucléaire sont franchies, il n'y a plus de limites. L'hôte de l'Elysée a osé braver les usages. Mal lui en a pris car son geste est à l'origine d'une réaction en chaîne qui a secoué tout le paysage politique et dont l'onde de choc n'a pas fini de se propager. Sans le vouloir, l'apprenti chimiste Chirac a piégé tout le monde : la droite parce qu'elle a perdu, la gauche parce qu'elle a gagné.

Celui qui conduisait son camp au triomphe, il y a deux ans, en le ramenant dans un palais élyséen où il n'avait pas mis les pieds depuis quatorze ans, l'a jeté dans un cul de basse fosse. Il a transformé l'or d'une victoire présidentielle en plomb. Avec cette transmutation chiraquienne, la droite est nue, sans identité, sans projet, sans leader. En vingt ans, elle s'est gagné une réputation de looser. Battue deux fois sur trois à l'élection présidentielle et trois fois sur cinq aux législatives depuis 1981, elle est au bout du rouleau. D'emprunts en emprunts, elle ne sait plus à quel idéologue se vouer. Thatchérisme et reaganisme, placebo des années 80, ont été soldés. Même Alain Madelin n'ose plus s'y référer depuis que le démocrate Clinton a entamé un second mandat à la présidence des Etats-Unis et le travailliste Blair un premier bail au 10 Downing Street. La référence n'est plus à l'ultralibéralisme, rejeté par les Français dès l'hiver 1986, mais au libéralisme tempéré. Reste à connaître ce qui, à l'heure de la mondialisation, distingue celui-ci d'une social-démocratie qui n'a d'autre ambition que de construire l'Europe pour résister aux hégémonies et tenter encore de réguler l'économie de marché afin d'éviter que les plus faibles ne s'appauvrissent quand les plus riches s'enrichissent. Si la gauche a une mission claire qu'elle se dit prête à assumer, redistribuer, celle de la droite est tout sauf limpide : consiste-t-elle simplement à favoriser la création de richesses ? Son rôle eût pu être de réduire la « fracture sociale » en « libérant les énergies », manière de synthèse séguino-madelinienne à l'image de celle qu'avait réussie, en 1995, le candidat Chirac, le temps fugace d'une campagne présidentielle. Mais c'est bien parce que, devenu président, il a été incapable de traduire cette improbable combinaison en actes de gouvernement que le chef de l'Etat a été battu, le 1er juin.

La refondation de la droite – c'est dire son caractère aléatoire – n'a d'autre perspective cependant que ce mariage de l'eau et du feu. De façon naturelle, Séguin et Madelin ont chacun gravi un échelon depuis la défaite législative. Leur ascension est le contrecoup de la marginalisation des plus gros perdants : Chirac et Juppé d'abord, mais aussi François Léotard et François Bayrou qui, en tant que numéros 1 et 2 de l'UDF, ont leur part de responsabilité dans l'implosion collective. Ces deux-là n'avaient eu de cesse qu'ils ne poussent Giscard à la retraite. Mais, parvenus à la tête de la confédération, ils ont laissé celle-ci perdre sa spécificité européenne et sociale. Qu'est-ce qui distingue désormais un centriste, un libéral et un gaulliste ? Rien ou si peu. Les trois ont fini par communier dans un prêt-à-penser unique sans substance et sans saveur, symbole de leur perte identitaire respective. La logique voudrait en conséquence que la rénovation de la droite passe par la constitution d'une seule formation pour laquelle beaucoup ont déjà plaidé. Mais, pour conclure l'affaire, il faudrait un chef qui s'impose à tous. C'est la difficulté à laquelle s'étaient déjà heurtés les rénovateurs de 1989 : cette autorité n'existe pas. Pis, ceux qui prétendent pouvoir l'exercer sont désormais légion, multipliant les facteurs de désunion autrefois circonscrits à la seule rivalité Giscard-Chirac. Signe d'extrême faiblesse et donc de grave maladie, la division aujourd'hui est partout. Au RPR où, unis dans le discrédit de la défaite, Chirac et Juppé ont Séguin pour ennemi et Balladur pour adversaire, à moins que ce ne soit l'inverse ; à l'UDF où Madelin est surveillé par Léotard, lequel n'entend rien céder à Bayrou... Autant de rivalités qui ne seront pas tranchées avant la prochaine présidentielle où chacun, bien sûr, ambitionne de concourir.

Certes, du haut de sa présidence affaiblie, Jacques Chirac veut croire qu'il a plus de poids que d'autres pour prendre l'ascendant. C'est pourquoi il a plaidé, le 14 juillet dernier, pour que son camp renforce ses « forces centripètes » *(sic)* et« tout ce qui réunit ». Puisque les Français lui ont ôté son droit à gouverner par Premier ministre interposé, son objectif est plus modeste : mettre à profit cette cohabitation du troisième type pour redevenir le chef de l'opposition. Mais cela même ressemble à une gageure ! Comment recouvrer la confiance de ceux qu'il a menés à la boucherie électorale, rénover une droite qui, sous son règne, s'est plainte de son absence de démocratie interne et s'imposer à tous, lui qui n'a pas su pardonner et réconcilier après sa victoire de 1995 ? Privé de la dissolution, il s'est en plus dessaisi de la seule arme qui lui restait, celle du quinquennat. Il l'a repoussée, le 14 juillet, parce qu'il voit bien que certains des siens, au prétexte de ripoliner une fonction présidentielle et une constitution qu'il a violentées, sont tentés d'en user pour le pousser dehors...

Handicapée par son trop-plein de chapelles et son absence d'identité, l'ancienne majorité risque bien de connaître une rénovation lente et difficile. D'autant que le Front national est là pour lui compliquer la tâche. Plus le temps passe et plus quelques-uns à l'UDF et au RPR se laissent prendre par son travail de sape. L'idée que le salut pour la droite est à son extrême se propage. Certains ne se cachent plus pour vanter la solution arithmétique qui voudrait qu'en ajoutant aux leurs les voix du FN, gaullistes, libéraux et centristes soient assurés d'être majoritaires à toutes les élections. Et d'apporter à l'appui de leur propos une caution morale, celle d'un François Mitterrand qui, en son temps, avait su s'allier avec les communistes pour arriver au pouvoir. Simpliste, la thèse a des sympathisants jusqu'à l'Académie française. Elle est pourtant d'une stupidité rare :

1) La politique n'est pas qu'arithmétique : en s'alliant avec le FN, combien la droite perdrait-elle d'électeurs soucieux de ne pas composer avec un mouvement « presque viscéralement xénophobe, raciste et antisémite », pour reprendre les qualificatifs d'Alain Juppé ?

2) L'exemple de François Mitterrand est à méditer avec soin. Quand il s'allie avec le PC en 1972, le PS sorti d'Epinay obtient moins de suffrages que son partenaire. Cinq ans, plus tard, il devance son allié. Ceux qui, à droite, n'ont d'autre perspective que de singer les années 70, ont-ils pour ambition de devenir les supplétifs du FN ?

Cela ferait sans nul doute l'affaire de la gauche. Une gauche victorieuse mais qui, elle aussi, s'est retrouvée piégée par la dissolution chiraquienne. Car si elle croyait possible la victoire, elle l'imaginait pour 1998. Après que la monnaie unique eut été faite. Autrement dit, après l'adoption d'un budget de rigueur, après les privatisations des canards boiteux, après l'ouverture du capital de France Télécom, après la restructuration de l'industrie de défense, autant de décisions douloureuses mais indispensables pour construire l'Europe et inventer un avenir à la France du prochain millénaire. Lionel Jospin est obligé aujourd'hui de s'attaquer à l'ensemble sans s'être échauffé et sans y avoir préparé ses électeurs et sa majorité « plurielle ». C'est pour lui chose délicate. D'autant qu'il a fait du respect de ses promesses de campagne sa carte de visite. « Dire ce que l'on va faire et faire ce que l'on a dit », le mot d'ordre qui se veut antidote au « cynisme » chiraquien n'a qu'un défaut : il ne laisse pas de place à l'imprévu. Malgré ou à cause de sa victoire, Jospin a bien été piégé par l'anticipation du calendrier – c'est la seule consolation du président. Et l'on comprend qu'il ait voulu profiter de l'état de grâce de l'été pour prendre son temps, quitte à devoir supporter les railleries de l'Elysée, trop heureux de pouvoir dénoncer l'inaction de l'adversaire.

Après s'être acquitté avec habileté en juillet d'un mini plan de rigueur, la première épreuve pour le nouveau pouvoir surgit aujourd'hui. Elle est décisive. Comment réussir un budget qui qualifie la France pour l'euro sans paraître se renier ;

comment réduire la durée du travail sans handicaper la compétitivité des entreprises ; comment créer 350 000 emplois publics pour les jeunes sans creuser les déficits, bref comment rassurer les marchés financiers et le chancelier Kohl sans désespérer Billancourt ? Le Premier ministre se veut fort d'une méthode qui marie fidélité à ses engagements, pragmatisme face à la réalité et vérité dans les explications données aux Français. Si la méthode fonctionne la politique aura avancé. Plus modeste, plus authentique, moins arrogante, moins fardée de simagrées, sa rénovation sera en marche pour lui rendre tout le crédit qu'elle mérite. Si la méthode échoue, la crise de la représentation s'en trouvera encore accentuée au profit des démagogues. C'est dire si la gauche n'a pas le droit à l'erreur même si Jospin se reconnaît, c'est humain, le droit d'en commettre. Le tout est d'éviter les plus grosses. A l'inverse d'un Président qui, lui, n'a pas fini de payer celle qu'il a commise le 21 avril 1997.

Jean-Michel THÉNARD

Documents annexes

1

Le gouvernement Juppé III

Le dimanche 9 février, Alain Juppé, qui veut remanier son gouvernement, présente à Jacques Chirac le troisième gouvernement qu'il aimerait former :

Nicolas Sarkozy, ministre de l'Economie et des Finances, avec pour mission de réformer profondément l'administration financière et économique ;

Alain Lamassoure, ministre du Budget ;

Alain Madelin, ministre des Industries de la communication ;

Pierre Lellouche, porte-parole ;

Jean-François Mancel, ministre du Tourisme ;

Anne-Marie Couderc, ministre de l'Emploi et des Femmes ;

Eric Raoult, ministre de la Recherche.

Alain Juppé ne tranche pas entre François Léotard et Hervé de Charette pour le ministère des Affaires étrangères. Ni entre Alain Madelin ou Frank Borotra pour le ministère de l'Industrie et de la Recherche.

A la sortie de sa rencontre avec Jacques Chirac, il voit son projet corrigé :

Ministre des Finances et de la réforme des administrations institutionnelles et financières : Alain Lamassoure.

Ministre délégué à la Réforme des administrations financières de la France : X

Ministre délégué au Budget : Philippe Auberger.

Ministre de l'Industrie, du Commerce extérieur et de la Recherche : Alain Madelin

Ministre délégué à la Recherche : Yves Galland

Secrétaire d'Etat au commerce extérieur : Pierre Lellouche.

Porte-parole du gouvernement et secrétaire d'Etat à la Santé : Hervé Gaymard

La question du ministre des Affaires étrangères n'est toujours pas tranchée. Pour Dominique de Villepin, secrétaire général de l'Elysée, et Maurice Gourdault-Montagne, directeur de cabinet d'Alain Juppé, le remaniement ministériel n'aura de « portée réelle » que si François Léotard est nommé à la place du giscardien Hervé de Charette.

2

Le gouvernement Juppé IV

Le *mercredi 21 mai*, à cinq jours du premier tour, Alain Juppé soumet au chef de l'Etat la liste du nouveau gouvernement qu'il envisage de mettre en place après la « victoire » :

Ministre d'Etat, ministre des Affaires européennes : Raymond Barre

Ministre d'Etat, ministre de la Culture et de la Communication : Simone Veil

Ministre de la Justice : Jacques Toubon ou Pierre Mazeaud

Ministre de l'Education nationale : François Bayrou ou Charles Millon

Ministre des Affaires étrangères : François Léotard. (Alain Juppé se demande s'il ne réclamera pas le titre de Ministre d'Etat)

Ministre de la Défense : Charles Millon ou Edouard Balladur

Ministre de l'Equipement : Bernard Pons

Ministre de l'Intérieur : Jean-Louis Debré

Ministre de la Recherche : Alain Madelin

Ministre chargé des Relations avec le Parlement : Roger Romani

Ministre de l'Aménagement du territoire, de la Ville et de l'Intégration : Jean-Claude Gaudin

Ministre de l'Economie : Nicolas Sarkozy. (Connaissant les réticences de Jacques Chirac à l'égard du député-maire de Neuilly, Alain Juppé ajoute Raymond Barre à côté du nom de l'ancien ministre du Budget)

Ministre du Budget : Alain Lamassoure

Ministre de l'Environnement : Corinne Lepage

Ministre de l'Industrie et des P et T : Juppé hésite entre Frank Borotra, Raymond Barre, Alain Madelin à moins que ce ne soit François Fillon qui aurait alors un ministère plein.

Ministre de l'Agriculture et de la Mer : Philippe Vasseur

Ministre des PME : Jean-Pierre Raffarin

Ministre de la Fonction publique : Dominique Perben. Là encore, Alain Juppé se demande s'il ne pourrait pas confier un ministère de la Réforme de l'Etat à Alain Madelin.

Ministre de l'Outre-mer : Jean-Jacques de Peretti

Ministre de la Jeunesse et des Sports : Guy Drut

Ministre du Tourisme : Jean-François Mancel

MINISTRES DÉLÉGUÉS

Porte-parole du gouvernement : Pierre Lellouche

Ministre délégué chargé des Anciens combattants : Pierre Pasquini

Ministre délégué chargé de l'Action humanitaire : Xavier Emmanuelli

Ministre délégué chargé de la Coopération : Jacques Godfrain

Ministre délégué chargé de la Culture et des Industries de communication : Michel Barnier

Ministre délégué chargé de l'Equipement et du Logement : Pierre-André Périssol

Ministre délégué chargé de l'Emploi : Anne-Marie Couderc

Ministre délégué chargé du Commerce extérieur : Yves Galland

Ministre délégué chargé des P et T : François Fillon

SECRÉTAIRES D'ETAT

A la francophonie : Margie Sudre

Aux transports : Anne-Marie Idrac

A la Santé : Hervé Gaymard.

A la sortie de son entretien avec Jacques Chirac, Alain Juppé voit son gouvernement ainsi modifié :

Ministre d'Etat, ministre des Affaires européennes : Raymond Barre

Ministre d'Etat, ministre de la Défense : Edouard Balladur

Ministre de la Culture et de la Communication : Simone Veil

Ministre de la Réforme de l'Etat : Jacques Toubon

Ministre de la Justice : Pierre Mazeaud

Ministre de l'Economie et des Finances : François Bayrou

Ministre des Affaires étrangères : François Léotard

Ministre de l'Education nationale : Charles Millon

Ministre de l'Equipement : Bernard Pons

Ministre de l'Emploi et des Affaires sociales : Jacques Barrot

Ministre de l'Intérieur : Jean-Louis Debré

Ministre de la Recherche, de la Technologie et de l'Industrie : Alain Madelin

Ministre chargé des Relations avec le Parlement : Roger Romani

Ministre de l'Aménagement du Territoire : Jean-Claude Gaudin

Ministre de l'Environnement : Corinne Lepage

Ministre de l'Agriculture et de la Mer : Philippe Vasseur

Ministre des PME : Jean-Pierre Raffarin

Ministre de la Fonction publique et des Collectivités locales : Dominique Perben

Ministre des P et T : François Fillon

Ministre de l'Outre-mer : Jean-Jacques de Peretti

Ministre de la Jeunesse et des Sports : Guy Drut

Ministre du Tourisme : Jean-François Mancel ou Eric Raoult

MINISTRES DÉLÉGUÉS

Porte-parole du gouvernement : Pierre Lellouche

Aux Anciens combattants : Pierre Pasquini

A l'Action humanitaire : Xavier Emmanuelli

Aux Industries de la communication : Michel Barnier

Au Budget : Alain Lamassoure

Au Commerce extérieur : Yves Galland

A la Coopération : Jacques Godfrain

Au Logement : Pierre-André Périssol

A l'Emploi : Anne-Marie Couderc

A la Francophonie : Margie Sudre

Aux Transports : Anne-Marie Idrac

A la Santé : Hervé Gaymard

3

Annonce de la dissolution par Jacques Chirac, le 21 avril

Mes chers compatriotes

Après consultation du Premier ministre, du Président du Sénat et du Président de l'Assemblée nationale, j'ai décidé de dissoudre l'Assemblée nationale. Le décret de dissolution et le décret fixant la date des élections législatives au 25 mai et au 1er juin seront publiés demain matin.

Pourquoi, au risque de vous surprendre, me suis-je résolu à user maintenant du pouvoir, que me confère l'article 12 de la Constitution, pour abréger le mandat d'une Assemblée que j'ai tenu à conserver en 1995 et dont la majorité a soutenu loyalement le gouvernement ? Une Assemblée qui a contribué à définir les lignes de force d'une France moderne et compétitive et à laquelle je tiens à rendre hommage.

Aujourd'hui, je considère, en conscience, que l'intérêt du pays commande d'anticiper les élections. J'ai acquis la conviction qu'il faut redonner la parole à notre peuple, afin qu'il se prononce clairement sur l'ampleur et le rythme des changements à conduire pendant les cinq prochaines années. Pour aborder cette nouvelle étape, nous avons besoin d'une majorité ressourcée et disposant du temps nécessaire à l'action.

Nous avons engagé ensemble un effort considérable.

Des réformes de fond sont en cours : la protection sociale, les armées et le service national, l'enseignement supérieur, la fiscalité, le secteur public. Après un long laisser-aller dont nous payons toujours le prix, l'assainissement de nos finances a été entrepris grâce à chacun d'entre vous. Nous avons ainsi recréé les conditions de la croissance. Cette politique commence à donner des résultats, mais ils ne sont pas suffisants. Ce n'est donc pas le moment de marquer une pause. Notre économie, nos entreprises, l'emploi ne peuvent attendre.

Il faut au contraire, dès maintenant, aller plus loin sur le chemin des changements. Il faut que l'action politique monte en puissance pendant les cinq années qui viennent. Pour réussir, la France a besoin d'un nouvel élan. Cet élan ne peut être donné que par l'adhésion, clairement exprimée, du peuple français.

Mes chers compatriotes, le moment est venu de vous prononcer.

Ensemble nous devons réformer en profondeur l'Etat afin de permettre une baisse de la dépense publique, seule façon d'alléger les impôts et les charges qui pèsent trop lourdement sur vous et qui, trop souvent, vous démotivent. La baisse des impôts est un choix exigeant, mais c'est un choix majeur que je fais parce que c'est le choix de l'avenir.

Ensemble, nous devons encourager, plus fortement qu'on ne le fait, les créations d'entreprises et les initiatives locales qui font notre richesse. Nous devons faire évoluer les comportements qui font obstacle à l'emploi. Il faut partout développer le dialogue et la concertation pour trouver de nouvelles réponses au chômage.

Ensemble nous devons prendre toutes les mesures qui s'imposent afin que notre système éducatif s'adapte aux exigences de l'entrée des jeunes dans la vie active.

Nous devons poursuivre la nécessaire adaptation de notre protection sociale, dont je suis et dont je resterai le garant. Nous devons réformer notre justice et la rendre plus indépendante, mais aussi plus rapide, plus proche.

Vous le voyez, il s'agit de choix déterminants pour chacun d'entre vous, et ces choix requièrent, exigent votre adhésion.

Et puis, il y a l'Europe.

Elle impose parfois des contraintes, c'est vrai. Mais, ne l'oublions jamais, depuis un demi siècle, pour nos vieilles nations qui se sont tant combattues, l'Europe, c'est la paix. Aujourd'hui, dans un monde qui s'organise et se transforme toujours plus vite, l'Europe nous apportera un supplément de prospérité et de sécurité, tout simplement parce que l'Europe c'est l'union et que l'union fait la force.

Or, d'importantes décisions seront prises au cours des tout prochains mois.

– Le passage à la monnaie unique, indispensable si nous voulons nous affirmer comme une grande puissance économique et politique, avec un euro à l'égal du dollar et du yen.

– La réforme des institutions européennes que nous voulons plus démocratiques, plus équilibrées, plus efficaces.

– L'élargissement de l'Union aux jeunes démocraties qui appartiennent à la famille européenne et qui formeront, avec nous, la Grande Europe.

– La réforme de l'Alliance atlantique qui doit permettre aux Européens de mieux assumer la responsabilité de leur sécurité, dans un nouveau partage avec les Américains.

– Et surtout, et surtout ce qui me tient le plus à cœur, une Union européenne au service des hommes. Un modèle social vivant. Un front commun contre les fléaux qui menacent nos sociétés : le chômage et l'exclusion bien sûr, mais aussi l'exploitation des enfants, la drogue, l'argent sale, le terrorisme.

Tout cela va donner lieu à des négociations difficiles.

Pour aborder ces échéances en position de force, pour construire une Europe respectueuse du génie des nations qui la composent et capable de rivaliser avec les grands ensembles mondiaux, votre adhésion et votre soutien sont essentiels.

Enfin, mes chers compatriotes, nous partageons des valeurs qui fondent notre communauté nationale et donnent à la France son destin singulier.

Or, les esprits sont troublés.

Des principes essentiels ont été mis en cause : le respect dû à chaque homme, la tolérance, la solidarité la plus élémentaire. Des appels à la haine ont été lancés, et des boucs émissaires désignés.

Ensemble, nous devons réaffirmer nos valeurs et les repères civiques et moraux qui sont les nôtres. Ensemble, nous devons dire clairement dans quelle société nous voulons vivre.

Les réponses aux grandes questions qui se posent aujourd'hui ne se trouvent ni dans le repli sur nous-mêmes, ni dans l'exploitation des peurs et des ignorances. Les réponses ne se trouvent pas davantage dans des solutions archaïques fondées sur le « toujours plus » d'Etat, le « toujours plus » de dépenses, le « toujours plus » d'impôts.

C'est un autre chemin que je vous propose de suivre.

Ce que je vous propose, c'est l'idéal de notre République. Des droits farouchement défendus, et d'abord le droit à la dignité et à la protection, pour chaque homme, chaque femme, chaque enfant. Des devoirs et des responsabilités assumés, qui correspondent à ces droits. Une cohésion sociale renforcée.

C'est la défense de l'ordre républicain. C'est une société apaisée, décrispée, qui anticipe mieux les problèmes et qui les surmonte par le dialogue et la concertation.

C'est une morale politique retrouvée, avec des dirigeants qui donnent l'exemple. C'est une vie politique modernisée, donnant toute leur place aux femmes et où les élus se consacrent pleinement à leurs fonctions.

C'est une France laïque, respectueuse des croyances de chacun.

Voilà pourquoi, mes chers compatriotes, je vous demande de donner à la France une majorité qui aura la force et la durée nécessaires pour relever les défis d'aujourd'hui.

Rien n'est facile, mais nous devons choisir la bonne voie, celle qui concilie la justice, la solidarité et la modernité.

Nous sommes à moins de mille jours de l'an 2000. Je veux que nous exprimions sans tarder notre volonté commune d'entrer dans le troisième millénaire avec confiance et avec enthousiasme.

Mes chers compatriotes, je vous remercie.

4

Tribune de Jacques Chirac publiée, le 7 mai par la presse de Province

La France a maintenant besoin d'un nouvel élan, d'un élan partagé, sous le signe de l'initiative et de la solidarité. Notre monde connaît en effet des évolutions irréversibles. De nouvelles technologies apparaissent, modifiant comportement et rapport au travail. De nouveaux métiers se créent, des alliances se nouent à l'échelle des continents. Tel est le cours de l'histoire. Allons-nous lui tourner le dos, nous replier sur nous-mêmes, amorcer un processus de déclin ou bien allons-nous saisir notre chance ? Notre pays, dans le passé, n'a pas toujours fait des bons choix. On a trop souvent confondu la dépense et l'efficacité, la taille du secteur public et la qualité du service public. On a cru qu'en nationalisant les entreprises on assurait leur succès, qu'en multipliant les dettes on se donnait les moyens d'agir, qu'en accroissant les impôts et les charges on faisait preuve de justice. Certains ont pensé qu'en s'accommodant de l'immigration clandestine nous étions fidèles à notre vocation, d'autres ont imaginé que l'on pouvait négliger l'ordre républicain et la sécurité sans porter atteinte à l'équilibre même de la société.

Tout cela, au total, a donné de mauvais résultats. Nous nous sommes retrouvés avec un endettement massif qui hypothéquait l'avenir de nos enfants. Un Etat qui faisait trop et qui donc le faisait mal. Une protection sociale de plus en plus coûteuse et pourtant de moins en moins efficace. Il a fallu, si j'ose dire, solder l'ardoise. Aujourd'hui, c'est pour l'essentiel chose faite. Une économie assainie, une croissance qui revient et dont nous sommes en situation de profiter. Voilà ce qui a été fait, avec et grâce à vous. Le moment est venu d'engager une nouvelle étape. Si j'ai dissous l'Assemblée nationale, c'est justement pour que les Français se prononcent sur le contenu et le sens de cette nouvelle étape. C'est aussi parce que notre pays ne pouvait se permettre une trop longue période électorale pendant laquelle tout tourne au ralenti. Les entrepreneurs cessant d'entreprendre, les investisseurs d'investir et la société d'évoluer. C'est également parce que j'ai besoin de la force politique nécessaire pour défendre les intérêts de la France lors des prochaines et importantes échéances européennes. C'est enfin pour que notre pays dispose pendant cinq ans de la stabilité politique indispensable à l'efficacité de l'action. Pour saisir notre chance, il faut être confiant et offensif. Il faut, mes chers compatriotes, regarder la réalité en face et aller de l'avant. Regarder la réalité en face, c'est avoir le courage de poser les vraies questions. Fera-t-on reculer le chômage par décret en créant toujours plus d'emplois publics ? L'Etat doit-il dépenser toujours plus sans évaluer la qualité des services rendus aux citoyens ? Doit-il taxer toujours plus au risque de décourager l'initiative, voire de susciter la fraude au moment où l'imagination et le talent français ne demandent qu'à s'exprimer. Dans un temps où l'éducation détermine de plus en plus l'épanouissement et la réussite de chacun, doit-on laisser tel quel un système éducatif qui n'est pas assez ouvert sur le monde du travail alors que, pour la première fois, les barrières entre l'université et l'entreprise commencent à tomber ? Saisir notre chance, c'est surtout aller de l'avant. Le mot clé, c'est la confiance, la confiance que l'on donne aux autres et la confiance que l'on possède à l'intérieur de soi. Faire confiance, c'est faire en sorte que vous puissiez vous exprimer, entreprendre, prendre des risques, c'est alléger les charges sur tous ceux qui travaillent. C'est favoriser l'innovation. C'est aider systématiquement la création d'entreprise et faciliter le développement de ces très petites entreprises qui sont pour l'emploi une vraie chance, beaucoup de nos compatriotes l'attendent, notamment les jeunes qui veulent se lancer.

Avoir confiance, c'est ne pas avoir peur des changements, c'est en tirer le meilleur pour apprivoiser l'avenir. Voyez la Sécurité sociale. Tout au long de l'année dernière, les médecins et leurs patients, faisant preuve d'esprit de responsabilité, ont permis une évolution raisonnable des dépenses de soins. Pour autant, a-t-on vu un malade ne pas avoir librement accès à un médecin ? A-t-on vu un médecin ne pas pouvoir prescrire ce qu'il estimait nécessaire ? Voyez France Télécom, avec le nouveau statut, le prix du téléphone va baisser, les services à la clientèle vont se développer. L'entreprise, plus performante, va renforcer ses positions et gagner des parts de marché partout dans le monde au bénéfice de l'emploi et des technologies françaises. Oui, il faut avoir confiance. Les changements bien conduits ne sont pas pour chaque Français des moins et des plus. C'est ainsi que nous ferons vivre notre modèle social. C'est ainsi que nous pourrons accroître notre effort. Là où se joue la cohésion sociale et l'égalité des chances : dans les écoles, dans les hôpitaux, dans le soutien social. C'est ainsi et ainsi seulement que nous pourrons agir plus efficacement contre un chômage insupportable et une fracture sociale inacceptable. Aller de l'avant, c'est choisir la proximité. Cela vaut pour l'Etat et les administrations : trop de décisions intéressant votre vie quotidienne, celle de vos enfants, sont encore prises loin de vous. Trop souvent, des règles générales s'appliquent à des situations qui demanderaient des cas par cas. Ainsi, à la veille du XXIe siècle, comment imaginer une réduction autoritaire de la durée du travail le même jour et dans toutes les entreprises françaises ? Ne faut-il pas faire autrement, en dégageant par la négociation des solutions sur mesure adaptées à chaque entreprise ? A la loi, préférons le contrat qui suppose le dialogue, l'accord, l'engagement personnel. Aller de l'avant, c'est faire évoluer notre vie publique, qu'il s'agisse de la réforme de la justice ou de la modernisation de la vie politique. Le cumul des fonctions politiques doit être proscrit et cette décision doit profiter aux femmes. Elles incarnent tout particulièrement les valeurs de modernité et d'écoute auxquelles notre société aspire. Je m'engage, personnellement, à tout faire pour leur permettre de participer pleinement à la vie économique et politique de la France. Il y a va de l'harmonie et de l'efficacité de notre société. Enfin, chacun doit répondre de ses actes. L'impunité n'est pas acceptable. Les Français ont en mémoire trop de scandales financiers en particulier dans certaines entreprises publiques. Etre en charge de l'intérêt général ou de l'argent des contribuables impose, plus que jamais, une obligation de compétence, de transparence, d'honnêteté. Le maître mot, c'est rendre compte. C'est l'essence même de la responsabilité et de la démocratie. Voilà, mes chers compatriotes, ce que je désire pour les Françaises et les Français, l'initiative et la solidarité, la liberté et la justice. Et voilà mon ambition pour la France : qu'elle s'affirme dans une Europe en mouvement, qu'elle défende vigoureusement ses intérêts dans le monde.

Dans trois ans, c'est l'an 2000. Ce rendez-vous que l'Histoire va donner à tous les peuples, nous pouvons l'aborder en position de force dans la fidélité à nos valeurs et à notre culture. J'ai besoin de votre soutien pour poursuivre l'ouvrage que nous avons engagé ensemble et qui ne peut porter ses fruits que dans la durée. Dans un élan partagé, saisissons notre chance.

5

Réponse de Lionel Jospin

Mes chers compatriotes, le 25 mai et le 1er juin prochains, la France va décider de son avenir et choisir une nouvelle Assemblée nationale, mais aussi un destin.

Je vous écris après l'intervention du président de la République dans la campagne électorale. Je l'ai trouvée négative, partisane et inéquitable. Mais cette lettre ne se veut pas une réponse tant sont nombreux les points qu'il faudrait alors corriger.

Je vous écris pour vous redire – au-delà des bruits et des assauts d'une campagne – nos valeurs, nos engagements et les principes qui fondent aujourd'hui ce choix de civilisation que nous vous proposons.

Pour changer, la France doit retrouver confiance en elle-même. Elle ne le fera qu'en retrouvant confiance en ceux qui la dirigent. C'est une question de respect, ce respect dont j'ai fait le cœur de notre engagement, le fondement de cet avenir que nous voulons bâtir.

Nous ne rétablirons le crédit de la parole publique que si les responsables politiques tiennent un langage de vérité. S'ils reconnaissent les faits, respectent leurs adversaires et surtout restent fidèles à leurs engagements. Si la France connaît aujourd'hui ce climat de scepticisme, c'est pour bonne part parce que le pouvoir actuel a délibérément tourné le dos à des promesses essentielles faites dans la campagne présidentielle. Nous voulons, demain comme aujourd'hui, dire ce que nous ferons et faire ce que nous disons.

Dans la société que nous voulons, la femme, l'homme doivent pouvoir grandir, s'instruire et s'épanouir librement.

La liberté des individus, le respect des initiatives doivent être pleinement assurés dans la sphère de la production comme dans le domaine de la création. Mais la liberté n'est pas la licence. La liberté n'est pas la négation de l'égalité, l'égalité ouvre au contraire le chemin qui conduit à la liberté pour chacun.

L'économie doit être mise vraiment au service de l'homme en créant l'emploi. C'est possible. Le chômage a dépassé en France les limites du tolérable. La politique économique de la gauche doit se centrer sur ce combat. Nous prenons des engagements pour les services publics, la santé, l'éducation, les retraites, le logement, l'accueil maîtrisé mais digne des étrangers, la coopération avec les autres.

La France est un héritage, nous devons le transmettre à notre tour, préservé, embelli, mis en valeur pour les générations futures. C'est ce qui justifie nos propositions sur la culture, l'environnement, l'agriculture, les départements et les territoires d'outre-mer.

Mais la France ne se réduit pas à ses paysages, ses terroirs ou ses villes. Elle est une nation, une communauté de citoyennes et de citoyens qui ont besoin, pour vivre ensemble et s'assurer un destin, de se rassembler autour de valeurs communes et de principes respectés par tous. Il faut faire revivre l'esprit de la République et donner un sens à notre avenir.

L'Union européenne est, ne l'oublions pas, le seul espace d'une telle superficie, d'une telle diversité historique et culturelle où la paix soit installée depuis cinquante ans. Elle réunit de grandes nations qui ont décidé de se projeter ensemble vers le futur. Nous voulons l'Europe sans défaire la France. Nous ne voulons pas dissoudre l'Europe dans la mondialisation. Nous ne nous résignons pas à voir l'idéal européen reculer dans les esprits des peuples parce que ceux-ci l'identifient au chômage et à la précarité. Voilà pourquoi nous posons des conditions – d'ailleurs raisonnables – au passage à la monnaie unique. Pourquoi nous voulons réorienter la politique européenne vers la croissance et l'emploi, pourquoi nous voulons négocier sérieusement l'élargissement aux pays de l'Est. L'Europe doit défendre pleinement ses intérêts et son modèle sur la scène internationale.

Notre pays n'est plus, aux yeux des citoyens du monde, le meilleur exemple de démocratie moderne. Celle-ci doit être rénovée, non en affaiblissant l'Etat mais en veillant à son impartialité, à son efficacité, à sa transparence.

En ramenant la durée de tous les mandats à cinq ans, en limitant strictement le cumul des mandats, en garantissant l'indépendance de la justice, en accroissant – dans les faits et non en parole – le nombre des femmes à l'Assemblée nationale, en faisant en sorte que ceux qui travaillent ne soient pas niés dans leurs droits de citoyens lorsqu'ils franchissent les portes des entreprises.

Nous avons su tirer les enseignements des dix années où nous avons été au gouvernement du pays. J'assume, et le Parti socialiste avec moi, les erreurs passées – en n'oubliant pas celles que je n'aurais pas voulu voir commettre et qui ne seront pas renouvelées, je m'y engage –, mais je revendique tout ce qui a changé, rajeuni, rehaussé le visage et la grandeur de la France. Notre engagement est responsable, généreux, concret et porté par un idéal. C'est cette union de l'humanisme et du réalisme qu'attend le peuple de France, un peuple qu'on a voulu surprendre une seconde fois et qui se réveille, s'exprime, exige aujourd'hui une autre politique.

Changeons d'avenir, mes chers compatriotes. Ayons foi en notre destin, celui d'une France juste et solidaire, dans une Europe que nous pourrons être fiers de construire pour nos enfants, dans un monde qui ne doit pas être cette jungle que nous promettent les fatalistes intéressés du tout libéral et du tout financier. Faisons battre ensemble le cœur de la France. Le 25 mai prochain, changeons de majorité, changeons d'avenir.

6

Intervention télévisée de Jacques Chirac, le 27 mai

Mes chers compatriotes,

Demain, je réunirai pour la dernière fois le gouvernement d'Alain Juppé. Ce gouvernement a bien travaillé. Avec abnégation et courage, il a porté l'effort nécessaire au redressement de la France, et ce n'était pas facile. Je tiens à rendre un hommage particulier au Premier ministre pour son action et pour son caractère. Le jour viendra, je n'en doute pas, où les Français me rejoindront dans ce jugement.

Dimanche dernier, j'ai bien entendu votre message.

Dimanche prochain, vous allez désigner une nouvelle majorité pour cinq ans. Ce choix va peser sur notre avenir.

Vous savez, trop longtemps notre pays a repoussé les adaptations indispensables. Nous avons pris du retard, et ce retard nous a coûté cher en emplois, en impôts, en dettes, en illusions aussi.

Puis la France s'est ressaisie. Les choses ont été remises en ordre, mais la situation reste fragile. Prenons garde de ne pas tout compromettre au moment où nous recueillons les premiers fruits de nos efforts.

Pouvez-vous, mes chers compatriotes, au regard des enjeux, prendre le risque de vous abstenir ?

Souhaitez-vous remettre en selle les idées socialistes d'hier ?

Pour ma part, je vous engage à choisir une autre voie, une voie moderne et humaine, qui serve mieux les chances et les intérêts de la France.

Les grands choix se font toujours sur des idées simples.

Dans cinq ans, il faut que la France soit devenue une grande nation moderne, et nous en avons aujourd'hui les moyens.

Pour cela, il faut une politique claire. Une économie d'initiatives et de libertés. Un Etat plus efficace et plus décentralisé. Un modèle social rénové nous garantissant contre les effets de la mondialisation.

Pour réussir la nouvelle étape qui commence, la France doit relever trois grands défis.

D'abord inventer une nouvelle méthode de gouvernement, plus proche des Français, à l'écoute de leurs attentes et de leurs difficultés que je connais bien. Cette méthode passe par davantage de dialogue. Elle repose sur un Etat qui fait respecter son autorité et qui assure pleinement ses missions essentielles : l'égalité des chances et la réussite de chacun par l'éducation et la formation, le soutien aux familles, la justice. La sécurité des personnes et des biens, l'ordre républicain doivent évidemment être au cœur de nos priorités. Cette méthode exige aussi une démocratie modernisée qui fasse toute sa place à la morale publique et qui mette fin au cumul des mandats ou des fonctions, ce qui est le meilleur moyen de renouveler profondément la vie politique.

Ensuite, nous devons concilier la liberté, qui est l'oxygène de la santé économique, et la solidarité, solidarité entre les générations et protection des plus faibles. La croissance forte, qui est aujourd'hui à notre portée, profitera à tout le monde. Et pour qu'il y ait croissance forte, ce qui est naturellement le meilleur moyen de créer des emplois, il faut abaisser les impôts et les charges au niveau de ceux des autres pays européens. C'est ainsi que l'on récompensera le travail et l'effort. C'est ainsi que l'on encouragera les Français.

Je souhaitc cnfin que la majorité que vous allez désigner ne prenne pas le risque de fragiliser la construction européenne. J'ajoute que l'Europe doit maintenant se donner l'ambition sociale que les Européens attendent. La France, demain, devra être forte, cohérente et déterminée pour défendre ses intérêts dans les grandes négociations qui sont en cours actuellement.

Mes chers compatriotes, ne cherchons pas ailleurs notre modèle français. Il est depuis deux siècles dans la devise de la République : rien sans liberté, rien sans égalité, rien sans fraternité.

J'ai voulu, en provoquant des élections, ressaisir l'énergie nationale pour entraîner et pour convaincre, pour donner à la nation une force qui s'échappait. Ce projet qui dessinera le visage de la France de l'an 2000, je vous le confie. C'est votre choix qui le fera vivre. C'est à chacune et chacun d'entre vous que je fais appel. Je vous invite à vous rassembler le plus largement possible pour construire une société d'initiative et de responsabilité. Mes chers compatriotes, votre avenir, l'avenir de vos enfants, est entre vos mains.

Vive la République, vive la France !

CHRONOLOGIE

14/07/1996 : Au cours de la traditionnelle intervention présidentielle télévisée à l'occasion de la fête nationale, Jacques Chirac déclare : « La dissolution est une arme constitutionnelle dont le président de la République ne peut pas user pour convenances personnelles, mais seulement pour résoudre des crises graves. »

03/10/1996 : Premier article de *Libération* évoquant la rumeur d'une dissolution de l'Assemblée nationale qui se propage dans les rangs des députés RPR et UDF. Une rumeur fondée sur les calculs d'experts électoraux de la droite attribuant environ 350 élus (soit une soxantaine de sièges au-dessus de la majorité absolue) au RPR et à l'UDF.

01/01/1997 : Présentant ses vœux aux Français à la télévision, Jacques Chirac loue leur « dynamisme » et leur « vitalité » : « La France est sortie d'une longue période d'immobilisme. La France change. La France se modernise. (...) Je voudrais vous dire comment, en 1997, nous progresserons sur le chemin de nos ambitions communes. (...) Mon ambition, c'est de faire en sorte que la France tire profit de cette période de transition et réussisse son entrée dans l'avenir tout en restant fidèle à elle-même. »

03/01/1997 : Premiers contacts du PS avec les Verts, le Parti radical-socialiste et le Mouvement des citoyens en vue de préparer un accord électoral pour les législatives prévues en mars 1998.

16/01/1997 : Au cours de la présentation de ses vœux à la presse, Lionel Jospin pronostique : « 1997, c'est une année de transition et de mûrissement, le passage d'une situation post-électorale à une situation pré-électorale. La droite va passer de la digestion de sa victoire à l'élection présidentielle à la crainte de sa défaite aux élections législatives. » Et le premier secrétaire du PS de s'en prendre au président de la République : « Jacques Chirac n'a apporté ni clarté, ni espérance. Si son image personnelle n'est pas mauvaise, sa stature politique est contestée. »

20/01/1997 : Ultimes réunions du PS avec ses alliés. L'accord pour les élections législatives de mars 1998 est bouclé avec les Verts et le parti radical-socialiste, les discussions échouent avec les chevènementistes du Mouvement des citoyens. En réponse au « contrat d'orientation » proposé par Lionel Jospin aux partis de gauche, Robert Hue suggère, lors de la réunion du comité national du PCF, la convocation d'« assises pour le changement » ouvertes à toute la gauche, de mars à juin, « dans tout le pays et à l'échelle de chaque département ».

20/01/1997 : Jacques Chirac intervient à la télévision pour marquer l'installation de la commission Truche sur la réforme de la justice qu'il a annoncée en décembre. « Le temps est venu de se fixer une grande ambition pour notre justice : refonder les principes sur lesquels elle repose ; moderniser ses moyens et les adapter à notre temps. Je veux mener à bien cette grande réforme pendant ce septennat », explique-t-il.

08/02/1997 : Une convention du PS réunie salle de la Mutualité, à Paris, ratifie les investitures des candidats pour les législatives de 1998.

09/02/1997 : Victoire de la lepéniste Catherine Mégret à Vitrolles (Bouches-du-Rhône) avec 52,48 % des voix. Le FN remporte sa quatrième municipalité, pour la première fois à l'occasion d'un duel au scrutin majoritaire.

11/02/1997 : Un collectif de cinéastes lance un appel à la désobéissance civile pour protester contre la loi Debré sur l'immigration. Dans les jours qui suivent, plusieurs centaines d'écrivains, de metteurs en scène, d'artistes et de comédiens lancent parallèlement leurs pétitions.

13/02/1997 : Plus de 2 000 personnes manifestent à Toulon pour soutenir le théâtre de Chateauvallon et protester contre la demande de dissolution formulée par le maire FN Jean-Marie Le Chevallier.

22/02/1997 : 100 000 personnes manifestent à Paris contre le projet de loi Debré sur l'immigration.

27/02/1997 : Renault annonce sa décision de fermer son usine de Vilvorde (Belgique).

02/03/1997 : Recevant les représentants de la communauté juive, Jacques Chirac lance : « Le racisme sous toutes ses formes me trouvera toujours en travers de sa route. Je défendrai toujours les valeurs auxquelles je crois : la dignité de chaque homme, la tolérance, la générosité. » Réaffirmant son soutien à la loi Debré, modifiée mais adoptée en deuxième lecture à l'Assemblée trois jours plus tôt, le chef de l'Etat ajoute : « Je mettrai toujours en garde contre l'angélisme, la naïveté et l'ignorance qui, comme les bonnes intentions, pavent l'enfer de la xénophobie. »

10/03/1997 : Au cours d'une longue émission télévisée, Jacques Chirac s'adresse aux jeunes. Il se fait le chantre de l'apprentissage de la lecture, prône la formation en alternance et la formation continue et plaide pour le développement du multimédia.

15/03/1997 : Lors d'une réunion publique à Paris, en présence d'un millier d'élus locaux de droite, François Léotard, le président de l'UDF, renvoie gauche et extrême-droite dos à dos : « Il faut que messieurs Jospin et Le Pen, politiquement adversaires mais électoralement associés, sachent que nous n'aurons aucune complaisance, ni pour le Front populaire, ni pour le Front national, car nous savons trop où l'un et l'autre nous ont conduits. »

18/03/1997 : Au cours d'une conférence de presse solennelle dans un grand hôtel parisien, Lionel Jospin présente le programme économique du PS. Au menu : passage en trois ans aux 35 heures hebdomadaires sans perte de salaire ; création de 700 000 emplois-jeunes pour moitié dans le public, pour moitié dans le privé ; convocation d'une grande conférence salariale.

29/03/1997 : 50 000 personnes manifestent à Strasbourg et de nombreuses intiatives sont organisées tout le week-end de Pâques pour protester contre la tenue du Xe congrès du FN dans la villc.

03/04/1997 : *Libération* révèle que l'Elysée et Matignon envisagent de dissoudre l'Assemblée nationale pour organiser des élections législatives anticipées au mois de juin.

05/04/1997 : Lors de la réunion de son club Idées-Action, à Paris, Alain Madelin entre implicitement en campagne. Se situant « dans le droit fil des propositions et des orientations de Jacques Chirac dans sa campagne présidentielle », l'ancien ministre de l'Economie exhorte ses troupes à un « élan libéral ».

20/04/1997 : A la veille de la dissolution, Lionel Jospin est l'invité de « 7 sur 7 » sur TF1. Il ouvre la campagne des socialistes en assurant que des élections anticipées seraient « un aveu d'échec » pour Jacques Chirac. Il accuse la droite, « sous couvert de modernisme, de nous proposer un modèle archaïque, celui du capitalisme dur, avec des conséquences humaines catastrophiques ».

21/04/1997 : Jacques Chirac intervient à la télévision pour annoncer la dissolution de l'Assemblée nationale. Les élections législatives anticipées sont fixées aux 25 mai et 1er juin 1997. Le même jour, un sondage de la Sofres publié par *Le Figaro* indique que la majorité RPR-UDF conserverait un net avantage en sièges sur la gauche.

22/04/1997 : Alain Juppé lance la campagne de la droite à l'occasion d'un premier meeting qui se déroule au palais des Congrès, porte Maillot, en présence des parlementaires RPR et UDF.

23/04/1997 : Un sondage CSA publié par *Le Parisien* pronostique un duel serré entre la droite et la gauche.

24/04/1997 : Premiers grands meetings de campagne : Alain Juppé est à Marseille (Bouches-du-Rhône), Lionel Jospin à Sarcelles (Val-d'Oise).

27/04/1997 : Invité de « 7 sur 7 » sur TF1, Alain Juppé décline un programme de mesures à prendre en « quarante jours » pour un futur gouvernement de droite et affirme qu'il n'est pas candidat à sa succession.

29/04/1997 : Lionel Jospin et Robert Hue se retrouvent à la Mutualité à Paris et signent une « déclaration commune » PS-PCF.

29/04/1997 : Alain Juppé et François Léotard présentent la plate-forme d'union RPR-UDF.

29/04/1997 : Philippe Séguin préside un meeting dans les Yvelines pour soutenir le député RPR de Mantes-la-Jolie, Pierre Bédier.

30/04/1997 : Une enquête CSA-*Le Nouvel Observateur* révèle que 60 % des Français sont favorables à une cohabitation.

30/04/1997 : Lionel Jospin et Dominique Voynet ratifient l'accord PS-Verts.

30/04/1997 : Candidat à tous les scrutins depuis 1956, à l'exception des législatives de 1967, Jean-Marie Le Pen annonce qu'il ne se présente pas.

01/05/1997 : Défilé du Front national en l'honneur de Jeanne d'Arc. Dans son discours, place de l'Opéra, Jean-Marie Le Pen attaque violemment la « dissolution magouille » qu'il qualifie de « coup d'Etat » destiné à provoquer un « plébiscite » en faveur du président de la République. Il réclame la démission de Jacques Chirac en cas de défaite du RPR et de l'UDF et accuse le chef de l'Etat de « vouloir dissoudre la France dans l'Europe de Maastricht ».

01/05/1997 : Le leader du New Labour, Tony Blair, remporte largement les élections législatives britanniques. En France, droite et gauche tentent aussitôt de récupérer la victoire des travaillistes anglais.

05/05/1997 : Début de la campagne électorale officielle à la télévision.

07/05/1997 : Jacques Chirac intervient pour la première fois dans la campagne en publiant une tribune intitulée « L'élan partagé » dans quatorze quotidiens régionaux. La presse nationale et le reste de la presse régionale critiquent le mode de communication choisi par l'Elysée.

07/05/1997 : Invité du journal de France 2, Valéry Giscard d'Estaing rappelle son opposition à la dissolution et juge que les Français « souhaitent être gouvernés autrement ».

09/05/1997 : En réponse à Jacques Chirac, Lionel Jospin publie à son tour une tribune dans l'ensemble de la presse.

12/05/1997 : Invité du journal de France 2, Philippe Séguin affirme qu'il soutient sans état d'âme Alain Juppé.

12/05/1997 : Jean-Marie Le Pen avoue qu'il « préfère une Assemblée de gauche à une Assemblée de droite ».

13/05/1997 : Déplacement de Lionel Jospin en Franche-Comté et notamment à Dole (Jura) où il rencontre Dominique Voynet.

15/05/1997 : Meeting socialiste au Zénith, à Paris : Lionel Jospin à la rencontre des jeunes.

18/05/1997 : Fronde au FN : Bruno Mégret prend le contrepied de Le Pen et lance sur France 2 : « Nous ne souhaitons pas la victoire de la gauche. » Le soir, sur France 3, le secrétaire général du FN, Bruno Gollnisch, abonde dans le même sens.

20/05/1997 : A cinq jours du premier tour, Jacques Chirac profite de la visite du chancelier allemand Helmut Kohl à Paris pour mettre en garde l'opinion contre les dangers d'une cohabitation. Il souligne que, dans les négociations internationales, « la France doit parler d'une seule voix ».

21/05/1997 : Au cours du Conseil des ministres, le chef de l'Etat incite les membres du gouvernement d'Alain Juppé à porter un message de confiance et de croissance aux Français.

22/05/1997 : Derniers meetings de la campagne électorale. A Lyon, Alain Juppé dénonce la « sinistrose », à Toulouse, Lionel Jospin s'en prend aux affaires qui ébranlent la ville de Paris. Des deux côtés, on appelle au « vote utile ».

25/05/1997 : Premier tour des élections législatives : la gauche en tête avec 40,2 % des voix, la droite RPR-UDF-DVD s'effondre à 36,5 %, les écologistes obtiennent 6,8 % et le FN progresse à 15 %. Les projections en sièges donnent la gauche majoritaire au second tour.

26/05/1997 : Le Premier ministre Alain Juppé annonce son départ de Matignon à l'issue du second tour des élections, quel que soit le résultat. Dans une interview au quotidien régional *Sud-Ouest* publiée le lendemain, il affirme qu'il part « exclusivement dans le but de faire gagner la majorité ».

27/05/1997 : Troisième et dernière intervention de Jacques Chirac dans la campagne électorale. A la télévision, il rend un « hommage particulier » à Alain Juppé « pour son action et pour son caractère ». Assurant avoir « bien entendu le message » des Français au premier tour, le Président les « invite à se rassembler le plus largement possible pour construire une société d'initiative et de responsabilité ».

28/05/1997 : Meeting commun Philippe Séguin-Alain Madelin à Chambéry.

29/05/1997 : En meeting au Palais des Sports, à Paris, Jean-Marie Le Pen annonce une douzaine d'« indulgences » – des candidats RPR ou UDF que le FN soutient au second tour– et dresse une liste de candidats de droite ou de gauche « proscrits » par le FN. Parmi eux le maire PS de Strasbourg, Catherine Trautmann, dont Le Pen exhibe la tête en carton sur un plateau.

29/05/1997 : Le dernier sondage CSA-*La Tribune de Genève*, disponible sur Internet, réveille la polémique sur l'inadaptation de la loi interdisant toute publication de sondages la dernière semaine avant le scrutin.

29/05/1997 : Dernier grand meeting unitaire de la droite au Zénith, à Paris, avec la participation, notamment de François Léotard, Alain Madelin, et Edouard Balladur. Philippe Séguin intervient en duplex télévisé, en direct d'Epinal.

31/05/1997 : Lionel Jospin et Philippe Séguin assistent aux côtés de Jacques Chirac à la finale du championnat de France de rugby, au parc des Princes, à Paris.

01/06/1997 : Second tour des élections législatives. La gauche l'emporte et devient majoritaire avec 319 sièges (PS-DVG : 272, PCF : 39, Verts : 8), la droite en décroche 257 (RPR : 138, UDF : 110, DVD : 9), le FN un seul.

02/06/1997 : Jacques Chirac nomme Lionel Jospin Premier ministre. L'intéressé annonce lui-même la nouvelle sur le perron de l'Elysée.

03/06/1997 : A Suresnes (Hauts-de-Seine), devant quelques centaines de militants, Philippe Séguin lance son putsch pour conquérir le RPR : « Nous en avons assez d'un monde divisé entre ceux qui savent et qui décident, et les autres. Nous saurons nous rassembler pour préparer d'autres lendemains... Nous reviendrons ! Merci de m'y aider. »

04/06/1997 : Annonce de la composition du gouvernement de Lionel Jospin : une équipe resserrée (26 ministres et secrétaires d'Etat), féminisée (8 femmes dont 4 à des postes clefs), rajeunie et plurielle (18 PS, 3 PCF, 3 PRS, 1 Vert, 1 MDC).

10/06/1997 : Philippe Séguin est élu président du groupe RPR à l'Assemblée nationale, « à titre provisoire »... dans l'attente de sa conquête de la direction du RPR.

11/06/1997 : Encore président du RPR, Alain Juppé annonce qu'il ne briguera pas un nouveau mandat lors des assises extraordinaires du mouvement qu'il convoque pour le 6 juillet. Il « assure » Philippe Séguin de son « concours » : « Dans la tourmente, on n'exclut pas, on se rassemble. C'est ce que Philippe Séguin a su faire. »

12/06/1997 : A l'occasion de la rentrée parlementaire, Laurent Fabius est élu président de l'Assemblée nationale. Il retrouve le perchoir qu'il avait déjà occupé de 1988 à 1992.

14/06/997 : François Hollande devient premier secrétaire délégué du PS.

19/06/1997 : Discours de politique générale de Lionel Jospin à l'Assemblée nationale. Le Premier ministre axe son discours sur l'éthique et annonce l'abrogation des lois Debré sur l'immigration, l'arrêt de Superphénix et du canal Rhin-Rhône et une hausse modérée du smic (+ 4 %). Il obtient la confiance de l'Assemblée.

24/06/1997 : Alain Madelin est élu président du Parti républicain, rebaptisé Démocratie libérale. Il succède à François Léotard qui demeure président de l'UDF.

06/07/1997 : Aux assises extraordinaires du RPR, au parc floral de Paris, porte de Vincennes, Philippe Séguin est élu président du RPR. Il succède à Alain Juppé.

(Chronologie réalisée par la Documentation Politique de *Libération*.)

TABLE

DOCUMENTS ANNEXES

Cet ouvrage a été composé par la
SOCIÉTÉ NOUVELLE FIRMIN-DIDOT (Mesnil-sur-l'Estrée)
pour le compte de LA LIBRAIRIE PLON

Achevé d'imprimer en août 1997

Imprimé en France
Dépôt légal : août 1997
N° d'édition : 12841 – N° d'impression : 39641